JAJP
JAJP The Japan Association of Jungian Psychology

ユング心理学研究　第8巻

世界における
日本のユング心理学

日本ユング心理学会
編

創元社

はじめに

　初めての日本人ユング派分析家として故河合隼雄先生が日本に戻られ、『ユング心理学入門』を世に出されたのが1967年で、来年の2017年は、それから50年の節目となる。日本という土壌に移されたユング心理学はどのような木に育ったのだろうか。このような節目を迎えようとしている今年、世界中のユング派分析家が集まる、国際分析心理学会（IAAP）の大会がアジアでは初めて京都で開催されることになった。3年に1度、国を変えて開催される大会も、今回は第20回という節目である。これに合わせ『ユング心理学研究』もこの第8巻では「世界における日本のユング心理学」という特集を組ませていただいた。言うまでもなく、ユング心理学は、故河合隼雄先生の思索の深まりとともに、日本において独自の発展をみた。われわれがユング心理学としてなんとなく理解したものは、ユング心理学に基盤を置いた、河合心理学だったかもしれない。50年というこの節目は、今までさして疑問をもたずに受け入れてきたものを疑ってみる良い機会かもしれず、河合先生の恩恵に甘えるだけではなく、われわれ一人ひとりがユング心理学と向き合って、自分自身の心理学を育てていくことの必要性を再確認する機会ともなればいいと思う。

　特集では、まず河合俊雄が「世界の中での日本のユング心理学」ということで、世界の中でユング心理学がいかなる発展をみてきたかということから、現在のユング心理学をめぐる世界の動向をおさえたうえで、日本のユング心理学がどのように位置づけられるかについて詳述している。これを読むと、いかに自分が井の中の蛙であるかを思い知らされるが、IAAPの大会に臨むに際して、このような展望をあらかじめもっていることは、とても助けになるはずである。

　日本のユング心理学を牽引してきたのは、故河合隼雄先生ばかりでなく、

いずれも故人となってしまわれたが、樋口和彦先生とその先生との深い絆によって、日本をよく訪れていたジェイムズ・ヒルマン先生のことも忘れてはならないだろう。今回の特集では、次に、ヒルマン先生に日本が与えた「影響」について、その日本での講演の通訳をして近しかった名取琢自が筆を執った。そのおかげで、貴重な講演録の一部が紹介されていて、生のことばに接することができる。アメリカ人でありながら、日本人の美意識を日本人以上に理解していたヒルマンがその中で、日本人の文化に根ざした心理学が「植民地時代、自然破壊、合理的唯物論といった歴史的経過のなかで、西洋科学主義から出てきた心理学や心理療法の実践に屈服してしまっているのではないか」とする問いかけには、われわれ日本人は真摯に耳を傾けるべきであろう。

　さらに特集では、樋口先生が2008年にチューリッヒのユング研究所でされた講演「夢分析と能楽」を採録している。当時80歳という年齢にして、夢分析のあり方が西洋と日本では違うようだと長年感じていた疑問に答えるべく、能という日本独自の文化を通して考えていこうとしているが、その端々に、「人間のどうしようもない理不尽な不可解な悲しみ」と長年向き合ってこられた分析家としての経験がにじみ出ている味わい深い内容である。

　2015年6月の日本ユング心理学会第4回大会のプレコングレスでは、ジェイムズ・ヒルマン夫人で芸術家のマルゴット・マクリーンさんと友人で詩人のマーマー・ブレイクスリーさんとで「元型心理学と死：ジェイムズ・ヒルマン、樋口和彦、両先生を偲んで」というプレゼンテーションがあった。死にゆくヒルマンに寄り添い、見送ったあとで、その深い悲しみを芸術のかたちで昇華する、胸を打つ発表であった。それは録音を許されなかったため、誌面に採録することは諦めていたところ、思いがけなくお二人のご厚意によって、今回改めて、図版を含めて原稿をいただくことができ、講演録として誌面に掲載することができることになった。感謝に堪えない。「二頭の虎」になぞらえた、ジェイムズ・ヒルマンと樋口和彦両先生の魂の交流ともいうべき深い友情は感動的である。この友情もまた日本のユング心理学を推し進めてきたはずである。

講演録としてはさらに、韓国のユング心理学を牽引してきた李符永先生が2013年に京都大学でおこなった講演を採録している。「ユング派分析家訓練の東と西」ということで、スイスのユング研究所での訓練におけるご自身の経験を、東洋人として戸惑ったことなど、ずいぶん前のことであるはずだが、まるで昨日のことのように、生き生きと語っている。異文化の中に置かれたときの、影の投影、同一視など、段階的な心の変化が述べられており興味深い。その後、韓国において後に続く多くの分析家を育てられたと思うが、「修練において重要なことは、知識や分析技術ではなく'姿勢'の確立です」と述べているのが印象に残る。

今回研究論文は2編が採用されている。1編は松本憲郎の「歴史家・阿部謹也の視角から見た日本人のこころ」で、日本では無意識はなく、あるのは深層の意識であるという論や、自我意識と二つの宇宙をめぐる論は刺激的で、日本人としてユング心理学を進化させていくひとつの試みを示すものだと思われる。もう1編は香港在住のアデリーナ・ウォンからの投稿論文「クライエントが表現した作品と中国の象形古文字を関連づけることの臨床的意味」であるが、臨床の場でクライエントの表したイメージと似たものを象形文字である漢字の中に見出し、拡充することで、クライエントのより深い理解につなげるという、これもまた意欲的な論文である。

学会印象記としては、京都文教大学での日本ユング心理学会第4回大会について北原知典が、カナダのオタワでの国際箱庭療法学会第23回大会のもようを鈴木康広が、また第4回IAAP／IAJSジョイント・カンファレンスについて田中康裕が、それぞれ臨場感ある印象記を寄せている。

文献案内としては、川嵜克哲が夢についての基礎文献を紹介しているが、読者の身になった親切な手引きである。また海外文献としてヴォルフガング・ギーゲリッヒの"What is Soul？"を北口雄一がひも解いているが、これもまた難しい内容を噛み砕いて、読者に伝えようとする姿勢が顕著である。食わず嫌いに関心をもたせようという情熱が伝わってくる。

以上のように、今回は、執筆者の国籍もいろいろで、はからずも国際的な内容となった。外にばかり目を向けるのが良いわけではもちろんない。李符永先生の講演録にもあるように、人は外国に出て、初めて自国の文化

に知らずに染められている自分を突きつけられる。外への扉を開くことは、自分とより深く向き合う機会ともなるだろう。そういう意味で、この夏、日本で初めて開かれる国際分析心理学会（IAAP）をのぞかれるのも良いのではないかと思う。

　最後になってしまったが、本巻の発刊が大変遅れてしまったことを心からお詫びしたい。お待たせしてしまったことは誠に申し訳ないが、内容的にはバラエティに富んだ、大変充実したものになったように思う。まだまだ先行きは分からないが、この雑誌もまた、日本のユング心理学の発展に少しでも寄与できるよう、歩を進めていきたい。

編集委員長　豊田園子

目　次

はじめに　003

特　集

世界の中での日本のユング心理学　　　　　　　　　　河合俊雄　013
ジェイムズ・ヒルマンに日本が与えた「影響」を考える　名取琢自　025
夢分析と能楽　　　　　　　　　　　　　　　　　　　樋口和彦　045

講演録

二頭の虎　そして　続くこと、去りゆくこと、残されたもの
まだ終わっていない、ジェイムズ・ヒルマンとの共同作業
　──樋口和彦先生に敬意を込めて
　　　　　　　マルゴット・マクリーン、マーマー・ブレイクスリー　065

ユング派分析家訓練の東と西──個人的経験を中心に　李　符永　097

論　文

研究論文

歴史家・阿部謹也の視角から見た日本人のこころ
　──御霊（ごりょう）信仰を題材にして　　　　　　松本憲郎　121
クライエントが表現した作品と中国の象形古文字を関連づけるこ
との臨床的意味　　　　　　　Adelina Wei Kwan Wong　143

印象記

日本ユング心理学会第4回大会印象記　　　　　　　　北原知典　163
国際箱庭療法学会第23回大会印象記　　　　　　　　鈴木康広　167

第4回IAAP／IAJS ジョイント・カンファレンス印象記
　　　　　　　　　　　　　　　　　　　　　　　　　田中康裕　173

文献案内

　　夢に関するユング心理学の基礎文献　　　　　　　　川嵜克哲　179
　　海外文献　　　　　　　　　　　　　　　　　　　　北口雄一　187

日本ユング心理学会　機関誌投稿規定（2015年9月30日改訂）

ユング心理学研究　第8巻
世界における
日本のユング心理学

装丁　濱崎実幸

特集

世界の中での日本のユング心理学

河合俊雄
京都大学こころの未来研究センター

　今年（2016年）の8月28日から9月2日に、ユング派分析家の国際組織である国際分析心理学会（IAAP）の第20回大会が、京都で一週間にわたって開かれようとしている。これは3年に一度開かれるもので、学術的な大会と、代議員総会を兼ねたものであり、筆者はプログラム委員長として、主に学術面のプログラムを取りまとめている。後でも触れるように、環境や社会に対する分析家の意識や関心は高まっており、それに相応して「移行する世界の魂（Anima Mundi in Transition）」というのが大会テーマになっており、それに関連する発表が多く含まれている。大会基調講演には、中沢新一氏を招待していて、「心のレンマ科学――華厳教の可能性」という題で英語で話してもらうことになっている。

　ユング派分析家資格を持つ人は、全世界に約3000人存在していて、各研究所・グループごとに10名につき1名の代議員を出せることになっている。たとえば33名の正会員の分析家を擁する日本ユング派分析家協会（AJAJ）は、4名の代議員を送り込むことになる。遠方であるなどの事情で定数の代議員を大会に派遣できないグループは、その分の委任状を用意することになる。このように大会の代議員総会では会長選や理事選もあって、職能団体の最高の意思決定機会でもある。国際分析心理学会というのは、あくまで個々のグループや研究所の組織や訓練の方法を尊重するいわば連邦制を取っているけれども、それを束ねる代議員総会や理事会が全体組織のことを決めることになる。

　また、会員からすると、お互いの交流を深め、特に今回は初めてのアジ

アでの開催ということで、欧米の分析家からすると異文化を知るよい機会でもある。大会プログラムにも、大会前後に天龍寺での禅・茶道などの体験見学のような文化プログラムを含むツアーをいくつか用意したがいずれも好評で、大会期間中に毎日早朝に開かれる禅のコースもあっという間に100名近くの希望が集まって、満員御礼である。日本の文化を知りたいという動機は非常に強いものがあるのが感じられる。

　大会に全世界から600人くらいのユング派分析家が参加することからすると、せっかく地元で大会が開催され、また、さまざまに便宜が図られて、必ずしも分析家でなくても、AJAJの聴講生であれば参加できたりする可能性が開かれているので、是非とも実際に大会に参加して、世界のユング心理学の動向とさまざまな分析家のあり方を直接に感じてほしいところである。ここではその準備のようなものとして、世界におけるユング心理学の動向と、それに照らしての日本のユング心理学の現状を位置づけたい。筆者は、今年まで3年間、国際分析心理学会の副会長を務め、またその前にはプログラム委員と執行委員をそれぞれ6年間務めたので、国際的な全般状況についてのさまざまな情報が蓄積しているので、それを活用して書いてみたい。

1　衰退と発展：近代意識とこころの古層

　ユング心理学の通称である分析心理学が誕生したのは、創始者であるカール・グスタフ・ユングが活躍したチューリッヒを中心としたドイツ語圏のスイスであり、その後精神分析の影響も強く受けたロンドンが重要な場所になっていく。一時は、個人を超えたイメージの象徴性を大切にする古典的なチューリッヒ学派とメラニー・クラインなどの考え方を取り入れて発達的な見方の強いロンドン学派の対立が顕著であった。その後、精神分析などと同じように、ユング心理学もアメリカ合衆国で勢いを増し、それ

はジェイムズ・ヒルマンによる元型的心理学のアメリカでの発展とも重なる。

しかし近年において、いわゆる西ヨーロッパ、北米などの、最初にユング心理学が発展した地域では、残念ながらユング心理学は衰退か、少なくとも停滞しているのではなかろうか。分析家も訓練候補生もやや高齢化し、若くて勢いのある次世代があまり育っていないように思われる。また各国における心理療法の国家資格化、それに伴う保険会社による心理療法への統制と影響力の強まりによって、認知行動療法をはじめとする早く効果の生じるわかりやすい心理療法を求める動きが強まり、その中でイメージという手段を重視し、科学的な説明のむずかしいユング派心理療法は困難な状況を迎えているように思われる。また心理療法家の国家資格化は、心理療法の訓練が主に様々な学派に担われていたあり方から、訓練に関する大学の役割を拡大させたけれども、チューリッヒ大学の講師を辞任してアカデミズムの世界から距離を置いたユングの伝統に根ざすユング心理学は、もともと大学とのつながりが弱い。それが若い世代の分析家を育てる上でマイナスになっているように思われる。

それに対して、今ユング心理学が勢いをもっているのは、旧共産圏の中部、東ヨーロッパ、さらにはラテンアメリカ、東アジアなどである。それらの国では、まだユング派の研究所や組織ですら形成途上にあることも多いけれども、国際分析心理学会が直接に訓練を促進していることもあって、若い人やアカデミックな世界にいる人が、訓練を開始し、分析家の資格を取得しつつある。その勢いには驚くべきものがあり、西ヨーロッパやアメリカの分析家の中には、それに脅威を感じる人がいるくらいである。

このような現象はどのように理解すればよいのであろうか。これは近代化や工業化の波がいわゆる発展途上国に遅れて到来し、たとえば近年の中国のような経済発展を生んでいるのと同じように、昔に西ヨーロッパやアメリカでユング心理学がもてはやされたのが、流行遅れのように訪れてきているだけなのであろうか。そうではなくて、今、ユング心理学が盛んになってきていて、広く受け入れられている国々では、何らかの意味で前近代的な心性が強く残っているように思われる。たとえばロシアでユング心

理学は盛んであるけれども、訓練の様子などを聞いても、セッションやスーパーヴィジョンの個人の秘密があまり尊重されずに、人々の間での境界がはっきりとしていないことに驚かされる。それは中国においても同じような印象がある。つまり西洋近代のような個人が確立されていないのである。これは人と人との間だけではなくて、ものとこころの区別が曖昧なことにもつながり、まだ森羅万象に魂を認めるようなアニミズム的な心性が強く残っているということが言えよう。ラテンアメリカでも同じようなことが認められる。アニミズム的な心性にマッチして、近年にユング派心理療法が勢いを得ている国々で箱庭療法が盛んなことも特徴的である。

　どうもユング心理学は、マックス・ウェーバーの言っていたようなプロテスタンティズムの精神が浸透しているような、個人や自我の中心性などの西洋近代意識が完全に確立され、浸透している国には合わないのではないか。周知のように、プロテスタンティズムは、信仰におけるイメージや儀式の大切さを否定し、神の言葉を中心に置く。イメージということを大切にする方法は、抽象化されたこころではなくて、具体的なものでこころを表象するあり方が残っていないと、むずかしいのではないかと思われる。その証拠に、いちおう西ヨーロッパに入るけれども、イタリアでは、ユング心理学は非常に盛んであり、また、若い世代で訓練を受けようという人も多い。これも宗教改革が及ばず、雑多なイメージの豊かさや、人々の境界の曖昧さを残している心性と関係していると思われる。

　このような世界のユング心理学の状況から日本のことを考えてみると、日本がいわば両方の動きの中間、あるいは両方の動向を矛盾をはらんだ形で体現していることがわかる。日本では、特に箱庭療法を通して、爆発的にユング心理学、ユング派心理療法が受け入れられた。それは、ユング心理学を箱庭療法を通じて日本に導入した河合隼雄が直観していたように、ものにこころを認める日本人の心性、さらには庭、生花など、具体的なものでこころを表現する日本の伝統に合っていたためだと思われる。その意味では、今ユング心理学が盛んになりつつある国々の状況と一致している。

　その一方で、日本におけるユング心理学は、かつて日本で一番ポピュラーな心理学であった時期ほどの勢いがないことも事実である。日本でも、

認知行動療法などの、わかりやすく結果が明瞭に現れる心理療法が、政策的な支援もあって強くなりつつある。西ヨーロッパや北米に比べて、日本におけるユング心理学はアカデミックな世界でも受け入れられていて、ユング派の分析家の大学教員は多かったし、また必ずしも分析家ではなくても、大学教員でユング心理学やユング派の心理療法を取り入れている人も多かったように思われる。しかし近年において、大学におけるユング派分析家の教員は減少しているし、またユング心理学の影響力は弱まっている。大学とのつながりの弱まりを受けてか、訓練生についても、以前よりもやや年齢が高くなる傾向が見られる。

世界における両極の傾向が、日本において両方ともに認められることは非常に興味深く、また日本に特徴的であると言えよう。つまり日本の心性には、非常にこころの古層を保持しているところと、それと同時に、よい意味でも悪い意味でも世界の最先端のようなこころの動きをしているところがある。それがこの両極に反映されているのであろう。そのことからすると、こころの古層の存在や、前近代的な心性が残っていることだけを拠り所にするのではなくて、日本のユング心理学からすると、新しいこころのあり方にも納得してもらえるような、新しい科学性をもった理論づけを必要としているように思われるのである。これについては、後でもう一度取り上げることにする。

2　アウトリーチと社会・環境

心理療法のモデルは内面化である。たとえばクライエントが自分の母親が冷たかったとか、自分に愛情を向けてくれなかったとかセッションで語ったとしても、それによって必ずしも実際の母親に愛情が乏しかったかどうかはわからない。そのクライエントの抱いている冷たい母親像が問題なのである。だから母親に改善を迫ろうという動きは、時にはアクティン

グ・アウトとして否定的にみなされ、こころの内にとどまれないところが問題と考えられる。これは分析的な心理療法におけるかなり一般的な姿勢と言うことができるのではないだろうか。特に夢を治療上の重要な手段として扱うユング派心理療法は内面性を非常に強調していることになる。

このような姿勢に対して、ヒルマンが「鏡から窓へ（From Mirror to Window）[注1]」という論文を書いて、内面の重視を打破しようとしたのはすでに何年も前のことである。つまり自分の姿を鏡というこころの中に映し出して、その中に閉じられているのではなくて、心理療法が社会に出ていく必要性を問うたものである。ところが近年において、心理療法のあり方も、基本的な姿勢も大きく変わろうとしている。

それは相談室にいるセラピストをクライエントが主体的に訪れてくるというのが基本であった心理療法が、セラピスト自ら現場に出かけていくアウトリーチの形を取ることが増えてきていることによる。筆者の場合でも、内分泌疾患の専門病院でカウンセラーとして働き、また東日本大震災を機会に震災後のこころのケアの活動に携わり続けてきている。すると心理療法は、個人が主体的に選ぶものではなくて、社会から提供されるサービスのようなものになりつつある。それにしたがって、心理療法の活動は必然的に社会の変化や要請にもこれまでよりも直接的に関わるようになってくる。

2014年にまずロンドンで、2015年にローマで、「分析心理学と政治・社会活動（Analysis and Activism）」と題する学術会議が開かれた[注2]。これは、社会や政治にユング心理学がどのような形で関わっているか、また実際にどのように社会を変えていくことが可能なのかを問題にした学術会議である。筆者も震災後のこころのケア活動をもとに発表したけれども[注3]、他の発表には、コロンビアにおける対ゲリラの戦争などに巻き込まれた子どもに対して箱庭によってこころのケア活動を行ったもの、パレスティナの難民キャンプにおけるこころのケア活動など、非常に印象的なものもいくつか認められた。

さらには、上述の会議にも含まれていたけれども、環境問題にどのように心理学的に関わっていくか、環境心理学のようなものを実践的に、また

理論的に構築していこうという機運も強い。今年（2016年）に、ヒルマンなども創設に関わったカリフォルニアのサンタバーバラにあるパシフィカ大学院大学の設立40周年記念大会があり、そこでは環境が大きなテーマとなった。

　ここには心理療法を内面のものではなくて、アウトリーチとして捉えていこうという傾向と、こころの内ではなくて、外の社会や環境をどのように心理学的に捉え、またそれにどのように働きかけていくかという2つの課題が存在しているように思われる。これに関しても日本はユニークな立場に立っているし、そこからの重要な寄与が可能になるのではないかと思われる。まず社会との関連では、東日本大震災の後も「絆」という言葉がよく口にされたように、人々は西洋近代の世界よりもはるかにつながっているし、それは仏教の「縁」という言葉にも表れている。ただし心理療法が個人契約としてではなくて、社会サービスとして行われる場合に、公的機関などがどのように心理療法家に報酬を支払うかという問題は、検討されるべきであろう。

　さらには、箱庭療法が日本で受け入れられ、独自の展開を示したように、日本において、こころを閉じられたものとして考えるのではなくて、自然と連続したものとして捉える見方は昔から強いように思われる。西洋で自然を切り離し、対象化した末の行き詰まりとして環境心理学の必要性がかまびすしく叫ばれているのに対して、日本においては、自然とこころが切り離されていない伝統を踏まえても、環境についての独自の心理学が生まれてくる可能性があると考えられるのである。今年の京都で開催される国際分析心理学会において、「世界の魂」がテーマとされ、またそれのメイン・ビジュアルとして十牛図を選んだのにも、日本の伝統から自然と魂の関係を考え直そうという意図がある。

3　新しい訓練モデル

　変化の動きは、アウトリーチへという心理療法のあり方だけにとどまらず、訓練のあり方にも及んでいるように思われる。ユング心理学に関わっていると、海外のユング研究所からのサマースクールのようなものの広告メールが送られてくることがある。すでに述べたように、西ヨーロッパや北米で、長年にわたる訓練を受けてユング派分析家になろうとする人は減ってきたり、また候補生が高齢化してきたりしている。ではユング心理学は人気がないかというと、短期のプログラムやセミナーに関しては、多くの人が受講するようなのである。

　ユング派分析家、あるいは精神分析も含めて分析家の間では、非常に長期の分析を受けることをはじめとして、長期にわたる訓練をイニシエーションのように体験してはじめて分析家となることができて、それが唯一正統のものであるという認識が一般的であったように思われる。またそれは、それだけの時間とお金をかけるのにふさわしいものだという価値観が共有されていた。

　ところが近年においては、特に若い世代を中心として、ユング派心理療法に興味はあっても、必ずしも資格を取ろうとか、長期にわたる訓練を受けようとしない人が増えてきているようなのである。これには、ユング派分析家という資格の社会的ステイタスが以前ほどのものではないということも関係しているかもしれない。国家資格が成立してくると、その資格さえ持っていれば心理療法家として仕事ができることになって、それ以外に各学派の資格を取得する意味が薄れてくる。またそれだけの労力とお金をつぎ込んだ資格にそれほどの経済的価値がなくなってきていることも関係している。

　その結果として、通常の超長期にわたる訓練過程とは異なる訓練のあり方が求められつつあるし、また各地のユング研究所などもそのニーズに応えようとする動きが強まってきている。スイス、イタリア、イギリスなど

で、分析家訓練の半分くらいの期間で、分析家ではなくてユング派の心理療法家のような資格を出す研究所が増えてきているのも、そのような訓練モデルの多様化に関係していると言えよう。

　また、前節で指摘したようなアウトリーチの仕事が増えたために、心理療法家が常に新しい状況に直面することになっている。すると、長い訓練を受けて完成した分析家になるという閉じた訓練モデルよりは、常に新しいものに向き合うという開かれたモデルが必要となり、その意味でスーパーヴィジョンの重要性が増してきているように思われる。

　そのような世界での傾向に、日本での状況もほぼ一致しているように思われる。日本でも、日本ユング研究所の提供するセミナーやグループ・スーパーヴィジョンには積極的に参加するし、また個人分析や個人スーパーヴィジョンを長年にわたって受けていたりするけれども、必ずしも分析家になる訓練を受けようとは思わない人は多く存在する。ところが、日本ユング心理学会が、各国の状況に合わせるかのように、全訓練期間のほぼ半分で取得可能な、学会の「認定心理療法士」の資格を出すようになると、それに関心を示す人は結構存在するようで、すでに資格を取得したり、現在申請していたりしている人も比較的多く出てきている。

　このようなことからすると、旧来のユング派の訓練や資格とは何かということを、現代の状況やニーズに照らして検討してみる機運も、日本においても、また国際的にも、増してきているように思われるのである。

4　新しい理論モデル

　すでに述べたように、ユング派心理療法にとって、こころの古層の存在や、ある種の前近代的な心性との接点というのは必要なように思われる。しかしそうすると、世界のグローバル化が進み、また、近代意識が浸透するにつれて、ユング派の心理療法は消滅していくしかないことになってし

まうかもしれない。そもそもユングが、社会の中では失われつつあった神話や宗教儀式を、夢やイメージという個人での経験で復活させようとしたところがあり、その意味ではノスタルジーの問題を指摘されかねない。ユング心理学におけるノスタルジーや自己矛盾の問題は、ヴォルフガング・ギーゲリッヒが厳しく検討してきた。[注5]

　このような批判的検討だけではなくて、ユング派のなかで、これまでの理論的説明では捉えきれないことを、新しい科学モデルを取り入れて理論的に考え直そうという機運も高まっている。近代科学は因果モデルに基づいており、科学的な心理療法も、因果的モデルに拠っていると理解されやすい。しかし、人のこころや自然のあり方は、因果的にできているだけではないのかもしれない。物理学で、ミクロやナノの世界や、逆に宇宙のような極大の世界において、われわれが通常考えているような因果的な考え方では説明のつかない事象が生じてくるように、心理療法というこころの極限的な状況に置かれると、因果的には説明できないような出来事が生じることがある。

　ユングはそれに対して、「共時性」という概念を作り出し、非因果的な原理を考えようとした。こころが変化していくのは、どうも因果的な原理では捉えきれないようなのである。そのあたりを、近年において、カオス理論や、自己組織化の理論を使って、捉えようという試みが、ジョー・ケンブレイなどによってなされている。[注6] またユングの共時性の概念を心理療法の実際からもう一度評価し直そうという動きも強いようである。[注7]

　またこれに関連して、ユング派心理療法の効果に関する研究がなされている。このようにして、どのように科学の世界と関係をもっていくかを再びユング心理学は模索しようとしているのである。

　このような状況から日本のことを検討してみると、日本には仏教を背景として、非因果的な関係を捉える理論的背景が強いように思われる。特に河合隼雄も注目していた華厳の哲学は、ある意味でユングの共時性などよりもはるかにエレガントに、ユング派心理療法の本質を捉えているように思われる。また自己組織化についても、河合隼雄が取り上げていた「自然（じねん）」の考え方も注目に値する。[注8] このような意味で、ユング心理学が世界的

に目指している動向に、日本から寄与できるところは大きいと思われる。

5　日本のユング派心理療法の特徴

　世界におけるユング心理学の動向と、それに照らしての日本のユング心理学について述べてきた。最後に付け加えておくと、西洋との対比だけではなくて、アジアの中で比べても、日本のユング心理学にはユニークなところがあると思われ、それは事例検討会や事例シンポジウムを行うと際立つ。たとえば中国や韓国の分析家は、イメージの捉え方が象徴性に準拠していることが多く、また概念を多く用いるのに対して、日本のユング派の多くは、はるかにイメージをそのまま捉え、概念化を避けて日常語を用いるように思われる。これは日本にユング心理学を導入した河合隼雄の基本姿勢にもよるかもしれないけれども、それだけではなくて、なるべくものそのものに即して捉えようという心性や伝統は日本人にとって特徴的なのではないだろうか。それは絶対無と具体的な個物との間に中間項を置かない禅仏教の影響を受けた芸術が、日本で発展したことにも関係しているように思われる。

　このような日本のユング派心理療法やその捉え方の特徴が、日本独自のものにとどまるのか、たとえば象徴よりもイメージそのものを重視したヒルマンの傾向をさらに発展させる心理学につながるのかは、今後の展開を見守りたい。

注

1　Hillman, J. (1989). From Mirror to Window: Curing Psychoanalysis of Its Narcissism, *Spring*, 49, 62–75.
2　"Analysis and Activism: Social and Political Contributions of Jungian Psychology" が、2014年12月にロンドンで、第2回が2015年12月にローマで開催された。

3 Kawai, T. (2016). Psychological Relief Work after the 11 March 2011 Earthquake: Jungian Perspectives and Shadow of Activism. In E. Kiehl, M. Saban, & A. Samuels (Eds.), *Analysis and Activism: Social and Political Contributions of Jungian Psychology*. London: Routledge, pp.193-199.

4 "Climates of Change and the Therapy of Ideas" 40th Anniversary of Pacifica Graduate School, 21-24, April 2016.
https://www.pacificabookstore.com/climates-change-conference-recording

5 Giegerich, W. (2013). *The Flight into the Unconscious: An Analysis of C. G. Jung's Psychology Project, Collected English Papers Vol. 5*. New Orleans: Spring Journal Books.

6 Cambray, J. (2010). Emergence and the Self. In M. Stein (Ed.), *Jungian Psychoanalysis: Working in the Spirit of C. G. Jung*. Chicago: Open Court Publishing, pp.53-66.

7 Connolly, A. (2015). Bridging the Reductive and the Synthetic: Some Reflections on the Clinical Implication of Synchronicity. *Journal of Analytical Psychology*, 60(2), 159-178.

8 河合隼雄（著），河合俊雄（訳）(2013)．日本人の心を解く──夢・神話・物語の深層へ　岩波現代全書

ジェイムズ・ヒルマンに日本が与えた「影響」を考える

名取琢自
京都文教大学
北山心理オフィス

1　ジェイムズ・ヒルマンの元型的心理学：「北」と「南」

　ユングが東洋の伝統にインパクトを受けたように、ユング心理学を牽引する立場にある分析家や心理学者から、異文化としての東洋を尊重し、思考や実践に活かしておられる印象を受けることは多い。元型的心理学の創始者であり、学識に裏づけられつつもユーモアに富んだ文体で多くの読者を魅了してやまないジェイムズ・ヒルマンもまた、多様な文化に強い関心を寄せており、なかでも日本の伝統文化、近代文化から積極的に学ぶ姿勢をもち続けた一人である。ヒルマンは河合隼雄、樋口和彦という日本のユング派分析家第一世代とも親交が深く、特に樋口和彦とは教育分析を通して深く知り合った間柄でもあった。ほかにも日本人の分析を引き受けておられたこともあり、日本文化に深く接する機会をつねにもち続けていた。樋口和彦とのゆるぎない友情は、本誌に収録されているユング心理学会第4回大会のプレコングレスのダイジェスト記録にも示されている通りである。ヒルマンの論考は広大な領域にわたっており、日本が与えた「影響」を全体から抽出して描き出すことは至難の業であるが、なんとかその一端を伺い知るヒントを探ってみたい。
　まず、ヒルマンがユング心理学を継承して打ち立てた元型的心理学についてごく簡単に述べておく必要があろう。元型的心理学はイメージそのも

のの探究を最優先とするラディカルな心理学である。その成り立ちと根本理念を解説した基本テキスト『元型的心理学』において、ヒルマンは西洋的心理学対東洋的心理学というありがちな構図はあえてとらずに、「北の心理学」対「南の心理学」という構図を示している。ヒルマンの心理学は、観念的、抽象的、一神教的で「自我」優位の北ヨーロッパ的心理学から脱して、感性的、具象的、多神教的でイメージ優位の南ヨーロッパ的心理学を志向するものとして描かれている。

> ……元型的心理学はイメージ的な位置を必要とする。フロイトの「ウィーン」、ユングの「チューリッヒ」、「カリフォルニア学派」などは、ファンタジーにおける場所であって、単に社会学的、歴史的な文脈にだけに関係しているのではない。それらの場所は、観念を地理的なイメージのなかに位置づけるのである。元型的心理学のイマジネーションにおける「南」もそのような場所である。(『元型的心理学』pp.60-61)

そして「南」に属するものを次のように列挙している。

> 地中海の文化、イメージ、文献的な源泉、地中海の感覚的で具体的な人間性、神々とその神話、悲劇的で悪漢もののジャンル(北の叙事詩的な英雄主義とは違って)から成っている。(同, p.61)

こうしてヨーロッパの「北」と「南」を対比させることで、ヒルマンは東洋と西洋という、よくありがちな二項図式を避けることに成功している。

> たいていは「東」に付与されている立場は、元型的心理学自身の方向付けの中に含まれている。魂の多人格性、神話の「創造的」な土台を詳しく調べること、解釈の多義性と関連している感覚経験の直接性、「自我」自身を魂のファンタジーの一つに過ぎないものとする根本的に相対的な現象性、──このような仕方で意識を非−自我的な方向に

再び方向付けることによって、元型的心理学は東洋的修行を求めて動くことを不必要にする。（同, pp.61-62）

　ここでヒルマンは、元型的心理学の根本的成り立ちを、東洋と西洋ではなく、南と北との対比を用いて解説することで、西洋人読者が自らの伝統の外に新たな心理学を探す方向に動くことを予防し、自らが根ざしている文化的伝統のなかに降りて行く方向へと導いている。ただし、だからといって、元型的心理学は東洋や日本の心理学と無関係であるとか、東洋や日本の影響を受けていない、とまでは言っていないことをよく見極める必要があろう。イマジネーションを第一のこころの現象とみなす視点が取られているなら、それが東洋であろうが、西洋であろうが、優劣も後先も立てる必要がないのである。

2　ヒルマンの著作で触れられた日本文化

　ヒルマンは日本文化について幅広く、しかも繊細なところまで深く理解していたが、著作で日本について直接論じることはごく控えめであった。そして日本文化を例として取り上げる際は、日本人もそう簡単には自覚していないであろう特質を鋭く描き出している。以下にそのような箇所をいくつか紹介する。
　アメリカの心理学で暗黙の前提となっている、家族から自立していく個人というイメージを批判的に検討した「家族を拡張する──罠から抱擁へ（Extending the Family: From Entrapment to Embrace）」では、ヒルマンにしては珍しく直接的に、日本での子育ての雰囲気について言及している。日本では新生児はまったく見知らぬ異国にたどり着いた異邦人として手厚く扱われる、と述べ、家族からの分離と自立を志向する文化を相対化している。

発達的なお話が描くところによると、家族とはただの始まりに過ぎず、必然的に悪であり、あらゆる始まりがそうであるように、そこから去らねばならないものである。成人は成長し、独立を宣言する。そして、自分の生活（生命）と自由は、自分自身の幸福追求のために捧げられる。アメリカでは、新生児はあまりにも共生的に母親と融合しているので、できる限り早く、分離でき、自立できる能力を育てるために、あらゆる努力がなされねばならない、と信じられている。日本では、新生児はまったくの異邦人（alien）であると信じられているので、できるだけ早く人間のコミュニティのうちに抱擁すべくあらゆる努力がなされねばならない、とされる。二つの対立する発達の軌道である。どちらが正しいとか間違っているとかではない。どちらも生きている神話であり、〈神話〉というのは、それらが真実として無意識的に生きられており、長期にわたる結果をもたらしているからである。（"Extending the Family", 6-11）

　日本の子育てを、母性原理とか、甘やかしといった概念に還元せずに、新生児が置かれている「神話」とみなすことで、アメリカ的子育てとは違うのだが、どちらも実際に生きられている物語であることが描き出されている。これを読めば読者がどちらの文化に属している場合でも、多様な物語がありうることを発見でき、視野を広げることができよう。
　日本庭園の感覚的、心理的体験についてくわしく取り上げた文章もある。「鏡から窓へ──精神分析のナルシシズムを癒やす（From Mirror to Window: Curing Psychoanalysis of Its Narcissism）」である。鏡というのは内省的な視線、窓は外への視線である。外界にある具体的事物は、生き生きと躍動しつつ存在しており、それ自体がこころに影響を及ぼしているし、そこから心理的な意味を読み取ることができる。日本庭園に入っていく経験は、このことを説明するのに格好の素材なのである。

　日本庭園に歩み入ってみよう。特に回遊式庭園、水や丘や樹木と石がある庭園へ。歩きながら、その庭園が、巡回教師あるいは治療的ガ

イド（psychopompos）の象徴（エンブレム）であるとイメージしてみよう。すなわち〈世界そのものが、魂を見せてくれる精神分析家であり〉、私たちに世界に豊かな魂をもって存在するにはどうすればいいのかを示してくれる、というイメージである。

　私がその庭園や日本に視線を転じたのは、数年前に京都のいくつかの庭園にいるときに得た洞察のおかげであり、庭園が、最も深い渇望のいくつかを表現するメタファーであるからである。これは、ヘスペリデス（Hesperides）からエデンの園、マリアの内なる庭園（hortus inclusus）へと至るものであり、世界が魂のすみか（home）であるとみなすものである。したがって、日本庭園に歩み入ることによって、私たちはいまや、あの窓からアニマ・ムンディ（世界の魂）へと踏み出すことになるのだ。（同，75）

こうして日本庭園の中に入って行くことで見えてくる要素が六つ指摘される。一つめは「中心の場所がないこと」である。

　まず第一に、我々は、この庭園には、そこに立てば全体が見えるような、中心の場所がないことに気づく。一度には一部分を眺めることしかできない。概観や全体性の代わりに、視点や個別性（eachness）がある。身体を動かせば世界は姿を変えていく。こちらにはアヤメの繁み、あちらには苔むした岩…。（同）

二つめは、庭園を歩いて行くことで同じ場所が違う視点から「見直される」ことであり、これはまさに「リスペクト（re-spect: 再び見る、尊重する）」する行為である点。

　第二に、回遊していくと、一つの景色はあらためて違った視点から見直される。池の端に枝を差し伸ばしているカエデ、小路が曲がった後は、それほどメランコリックには見えなくなった、水面を流れる木の葉。このように、見方を変えていく動き（shifts）は、まさに「リ

スペクト」という語が意味していることである。再び見ること、すなわち「re-spect」なのだ。同じ事物を再度見直すたびに、そのものへのリスペクトを得、リスペクトをそれに付加して、その「ルックス（looks）」にそなわった関係を興味深く発見するのだが、これらの英単語は尊厳を指す言葉である。（同）

三つめは、庭園を外から観察するのではなく、「中にいる」ことである。
四つめは庭園の樹木の相互関係から、個別性（individualilty）の観念が見直される点である。一本の樹木で象徴されるような、自立・孤立したありようではなく、木々が相互に空間を共有し、枝を差し伸べ合っている。これはコミュニティのあり方である。それでいて、おのおのの木は個性を失っていない。

> こうした個性の観念の変化が生じるのは、日本庭園では、木々の梢の天辺は刈り取られ、横方向に広がっていくように促されているからだ。一本で立っている、そびえ立つ（そしてユングは、一本だけの木は個性化しつつあるセルフの主要な象徴だと述べた）木の個別性というよりも、これらの木々は、自分の枝を他者に向かって差し伸べている。個別性はコミュニティのなかにあるのであり、それ自体の定義をコミュニティから得るのである。（同, 76）

五つめは、若々しく花咲く木だけでなく、老木やねじ曲がった木も重要な存在である点である。若さや強さだけに価値を置くような単純なナルシシズムを超えたありようである。

> 老木は杖で支えられ、花咲くように世話されるだけでなく、――それゆえ、花咲くことは若木だけに属するものではないのだが――、庭園には、枯れた木もいくつもある。これら、老齢の、杖をあてられ、依存的で、ねじ曲がって枯れた木ほどに、我々のナルシシズムを傷つけるものがあるだろうか？（同）

六つめは、枯山水のように、抽象化され、隠喩化された表現である。禅の公案のように、表面を単純に見るだけでは到達できない意義やパラドクスが込められている。

> 岩の庭園という具体的公案は、精神そのものをメタファーに変容させ、イメージは持続しながらも、思考は移り変わり、その結果、精神は自分の主観主義に同一化していられなくなる。(同)

　これらの要素を備えた回遊式日本庭園を引き合いに出すことで、自我中心の主観的ナルシシズムから抜け出すための糸口が示される。このように、ヒルマンは日本庭園の体験をまず素直に深めていき、そしてそこで得た感覚や視点を、西洋の自我中心的態度を見直す足がかりとしている。
　ヒルマン最後のインタビューとなった、ソヌ・シャムダサーニとの対談『ユング「赤の書」の心理学──死者の嘆き声を聴く』においても、樋口和彦の「私たちはもうすでに死後の世界にいるんですよ」という見解が二箇所で引用されている（p.92, p.195）。これも視点を変えて見直すことにつながっている。樋口和彦はヒルマンを能の鑑賞に誘ったり、近世日本の「辞世の句」について紹介することもあり、日本文化に根ざした新しい視点を得るための豊かな源泉でもあった。

3　日本での講演から

　ここではヒルマンの日本講演で筆者が通訳を務めた「心理療法のはじまりについて」「心理学のいとなみ：錬金術のイメージ世界」から、ヒルマンが日本文化をどのように捉えていたのかが比較的明確にあらわれている箇所を辿っていきたい。

① 「心理療法のはじまりについて（An Introduction to the Beginning of the Work）」（2000年9月15日　日本心理臨床学会第19回大会記念講演　京都国際会館）

　この講演は心理療法の「はじまり」を面接開始時、心理療法の歴史上の端緒、そして心理療法開始に導く「症状」の意味という三つの視点から論じたものである。ヒルマンは「デーモン」という言葉を使って、心理療法のはじまりに立ち会うコンプレクス感情たち、すなわち「恐れ」「好奇心」「楽しみ」「安堵」「羞恥心」のふるまいを描き出している。

　フロイトが心理療法に導入した「抑圧」概念において、無意識の中へと抑圧されたものは「意識に戻って来たいという欲望をもっている」が、フロイトが「原初的に抑圧されたもの」としたものはユング心理学の「元型的イマジネーション」に相当する。そして「魂の深層は、イメージやシンボル、神話や儀式的な行動様式のかたちで戻ってくる」のであり、近代人は集合的に、元型的なリアリティとの接触を失っていることで苦しんでいるのだ、とヒルマンは説き、日本でおなじみのイメージ「鬼」を引き合いに出している。

　　患者は集合的無意識に苦しんでいるのです。これは、みなさんを日本の伝説につないでくれる存在である、〈鬼〉が、個人的な被害者に属するというよりは、集合的な現象である、ということに似ています。（中略）「再び－押し戻されたもの（re-opressed）の帰還」は日本のこころに関連が深い観念のようです。面接室に入りこむデーモンたちは、まるで鬼ですよね。といっても、部屋に入れる程度の大きさの鬼ですが。森全体を必要とする、天狗ほど大きくはないようです。鬼はどちらかというと目に見えず、日常生活から追い出されているようです。しかし、面接室は日常生活ではありません。むしろ夢の生活、童話の生活に近いでしょう。
　　鬼の名称を構成している漢字の一つは、日本語にしろ、中国語にしろ、「帰還」を意味していることをご存じでしょうか。フロイトがウィーンで発見したものは、日本のみなさんにはもうとっくにおなじみ

だったわけです。そこには、不可視の領域から、姿を現して、何かを達成したいという衝動があるのです。

　この箇所についてヒルマンは講演前、「鬼」が「帰還」に結びついていることが日本の参加者にどれくらいなじみがある考え方なのかを樋口和彦や筆者に尋ねて確認していた。
　ヒルマンの話は続く。面接において、西洋の「好奇心」が野放しになると、キリスト教の異端諮問のような過酷な質問責めにもなりかねないのだが、「好奇心」なくして発見も生まれない。すぐれた心理療法家は適度の「好奇心」を絶やさないものである。「好奇心」のバランスをとって、ブレーキを効かせるのが「羞恥心」の働きである。

　　羞恥心は好奇心に鎖をつけるのです。そのおかげで、ささやかなことがらに潜む大きな情動（emotion）を見いだすことができるようになります。ちょうど、能の役者が、悲劇で胸が張り裂ける瞬間を、ほんのすこしだけ踵を持ち上げることで表現して見せてくれるようなものです。

　抑制された動きが深い情動を表現する、能の微細な所作をヒルマンは決して見逃さない。
　最後に、症状の意味について、外側の要因（外因）に目を奪われがちであるが、内因の重要性が強調される。ここでいう内因性（endogeneous）は「魂そのものに根ざしたもの」であり"kizu（傷）"である、とヒルマンは言う。少し長くなるが、日本文化と関連させながら解説されているので引用する。

　　いちばん深いところにある苦痛は内因性（endogenous）であり、魂そのものに根ざしたものです。"kizu（傷）"です。魂の苦悩の最も真なる原因は、魂そのものにあるのです。
　　（中略）それぞれの魂には、独特の苦悩がそなわっています。診断

名では、抑うつ、不安、不眠症、同じ名前のせいで、同じような感じになるのですが。それぞれの魂には、独自の運命がそなわっていて、一つ一つ違うものなのです。日本画、日本庭園、詩歌、書道、陶芸を貫く教えは、一つ一つのものが、それ自体完成されたものであって、とても微妙なところで、独自性をもっている（unique）ということです。私たちの苦悩は、私たちの独自性から生まれるのです。私たちの独自性が、私たちの苦悩であるといってもよいでしょう。と言いますのは、他人と違うということで、自分が奇異（odd）で、れっきとしたノーマルではなく、アブノーマルだと感じさせられるからです。私たちはみな、まるで楽焼の壺のように、人生という窯のなかで形成された、それぞれの人に独特の、実に様々な傷や風合いをもっているのです。

　この、独自性という苦悩は、私が日本の方や日本の生活を理解するうえで欠かせないものです。日本という国は、類を見ないくらい、きわめて単一的だ、とよくいわれます。これは、ヨーロッパで様々な民族や移住者が何千年もかけて混じりあってきたことや、アメリカで移民、強制連行された奴隷、亡命者、ネイティブ・アメリカンの人々が様々な混じり合いをしているのとは違っています。よく言われるように、日本は比較的単一のルーツをもつ単一の文化で、そこから、各個人が、違ったものにならないように、強力な均質化の圧力が働いています。ですから、ふつうの規準（norm）に従うこと、時に「伝統」とよばれますが、これが日本人の魂の深いところにあります。これは日本の社会にも備わっていて、社会はより遺伝的な画一性を反映しています。

　けれども、そこから最も驚くべき事実が出てくるのです。日本芸術は、独自性を第一としているではありませんか！　みなさんが誇りとする、芸術品、場所、人間、いろいろある日本の国宝や、禅僧、詩歌。これらはみな、ふつうの規準から外れたものであり、ふつうの規準を壊してできたものであり、規準を超えたものです。日本の芸術では、奇異なものが礼賛されているのです。一休さんがよい例です！

日本の伝統文化が生み出した芸術的素材を「個性」「独自性」のイメージとして参照し、個人が背負う独自性、「傷」のイメージとして、楽焼を思い浮かべる。そして、日本文化の均質化の力と独自性という、併存する両極も、国宝や禅、詩歌の伝統を指し示すことで、日本の参加者にとってこれ以上ないほどに、理解しやすく、受け入れやすい形で呈示してくれている。均質化への圧力のもとで、独自性が発揮されているという日本文化のパラドクスが見事に言い当てられている。

> ……症状は本人の身体や状況の弱点を狙ってくるのです。けれども、この弱点を補強することは、治療の仕事の半分にすぎません。
> 　治療の仕事のもう半分は、この弱さ、すなわち、外界のことで傷ついてしまう、この、本人独自の魂の開かれ方の意味を見いだすことにあります。この開かれ方は、まるで、傷つくことを何かが要請しているかのようです！　ここに、魂の奇異さ、楽焼の壺のような、その特異的な傷が、最初に現れてくるのです。

　講演のしめくくりとして、ヒルマンは『魂のコード』で紹介した闘牛士マノレッテや映画監督マーティン・スコセッシの例を引きながら、症状が人生全体にわたって本人が取り組むテーマといかに関連深いものであるかを論じた。症状は「未来への可能性を秘めた種」であり、「奇妙で不快なもの」であるかもしれないが「患者のケアをしている」ものであるから、たいせつにケアすべきである、との言葉で講演を終えている。
　この講演ではヒルマンが漢字の語源、日本の美術工芸、古典芸能、仏教文化に造詣が深いだけでなく、日本文化に内包されている、均質化の力と独自性の緊張関係を見抜き、その価値を認めていることが現れている。

② 「心理学のいとなみ：錬金術のイメージ世界（Psychological Work: Alchemical Imagination）」（2004年11月21日　京都文教学園創立百周年記念事業　京都宝ヶ池プリンスホテル）

この講演でヒルマンは錬金術の心理学的理解の基礎として、化学の近代化以前の試み、魔術的な儀式、そしてユングが考えたように、心理学的な知恵や技術が収められたもの、とみなす三つの立場を紹介し、心理学的にみる立場から解説している。この視点からみると錬金術は「イメージと実例で語る言葉」で心理学を語ったものである。

> 　錬金術が心理学にもたらしうる価値を理解する鍵は、その言葉にあります。錬金術は、概念的な言葉、すなわち、十九世紀のドイツ、フランス、イギリスの西洋合理精神が発明した心理学用語を用いずに、人間内部のものにせよ、自然のものにせよ、こころの内的生活を具体的イメージで表現します。(Hillman, 2004/2005, 74)

　たとえば医師は患者の皮膚や身体部位、分泌液の色を手がかりにして身体の状態を見極めるが、このように対象を感覚的に捉えてその意味を考えること、それが「イメージのなかで、観察し、思考する」ことになる、と述べ、日本語や日本文化がイメージに親近性があることに言及する。

> 　イメージのなかで観察し、思考することは、日本の言葉や文化に育った心理学者にとっては、別段、変わった方法ではないでしょう。西洋の言語は言葉の根っこあるイメージとの結びつきを長らく忘れてしまったのですが、日本語は、つねに、文字自体のなかに、圧縮されたイメージを表示しています。(同)

　そしてイメージの言葉の例として、錬金術作業の「熱」が解説される。錬金術師は「炎のマスター」であり、作業における「熱」を豊かに表現していた。それは近代科学の温度計で計測する熱ではなく、質をともなう「熱」である。湯煎のように、直火にはふれない間接的でやわらかな熱である「温かい浴槽」、「卵を抱く鶏の熱」など動物的な熱、心地良いというよりも不快な「六月の太陽の熱」、そして最も強い「炎に触れる熱」の四段階があり、各段階は前段階の２倍の強さをもっている。錬金術に不可欠

な燃料である「木炭」もまた、その本質として、最も純粋な火をもたらしうる燃料であった。命を抜かれて死んだ状態の、最も純粋な燃料であったからである。このように、錬金術の思考法は「心理学」的で「詩的」な思考法であった。

　錬金術に用いられた器にも、心理学的な意味を見出すことができる。錬金術師たちが用いた透明なガラス容器には、現象を観察しうる点に意義があった。そして、蒸留した物質を再び環流させる「ペリカン」容器は、自己洞察的なこころの働かせ方を体現した器である。ヒルマンはこのペリカン容器を森田療法の方法と比較している。

> 　ペリカン容器は森田療法の方法とも比較検討できます。もし私の理解が正しいなら、森田療法を始める患者さんは、治療者から離れたところに身を置いて、浮かんでくる考えや心配、感情やイメージや夢をどんどん書きとめていきます。つまり、あたまに浮かんできた蒸気や水蒸気、自己検討という蒸留された水滴が、書き留めるという密封容器にフィードバックされて、次の調理のためのあらたな素材になります。噛んで、飲み込んで、消化する、といったことが調理になるのです。
>
> 　ペリカンはまた、次のことも示唆してくれます。心理学的な分析作業は、転移や共感的関係やセラピスト側の技術だけにはあまり依存していなくて、むしろ、森田療法が示すように、密封され、自己投入された、患者だけの強さのなかで進行するプロセスでもあるということです。これはたとえば、囚人や芸術家、宗教者、その他、機会を得た人が、個室にひとり閉じこもるなかで見いだしたことでもあります。
>
> （同, 78）

　森田療法のプロセスとペリカン容器との共通点を見出しつつ、個人のなかで素材が濃縮されていくイメージを広げている。次に、ガラス容器が西洋の心理学が対象を観察する見方に対応している点が指摘される。

ガラスは術者を作業から切断してくれて、作業とのつながりはもっぱら眼を通して成立するようになります。つまり光学的な関係です。眺め、観察し、客観性を保ち、フロイトが、カウチに横たわる患者の背後に座ったように、作業の外側にいて、密封容器のなかで起きる神秘的な不思議を記録するのです。ガラスは、西洋科学主義における最高の素材です。ガラスは実験と実験者を分断することを可能にし、科学的方法における区分化を護ってくれるのですから。(同, 79)

　クライエントに事実を告白するよう求めるとき、治療者はガラス容器の内容を観察するような態度をとっている。しかし、東洋の観察法はまた違うのではないか、とヒルマンは問う。

　　　私としては、東洋の錬金術は、ガラスの完全な透明性によるものとはちがった、別の距離の取り方や観察法をもたらしたのでは、というふうに考えたくなります。ここで私が思いつくのは、谷崎潤一郎の『陰翳礼讚』や、能楽師のゆっくりとした、無言の、ほとんど見てもわからないほどの微妙な動きです。これはまさに不透明な器を通しての観察であり、視覚の明瞭さをそれほど求めず、感覚のさざなみ、音の響きや余韻、言外の意味のほうに開かれたものです。ここでは、観察それ自体が、観察対象と同じくらい不透明で、観察者・観察対象間の一種の相互浸透がおきています。(同)

　東洋の錬金術があるとしたら、その器としては、透明というよりも半透明であったり、暗闇をともなったり、微細な動きから現れるものを伺う容器がふさわしいのだ、との発想である。『陰翳礼讚』とともに、ここでも能の所作が取り上げられている。さらの、この相互浸透は「能の観客が物語に包まれて、やがては参加者の一員になることと似ています」とも述べられている。こうしてふくらませたイメージを土台として、日本語の特質が検討されていく。

この、「これ」と「あれ」との切断面をあいまいにする、イメージのなかに参入していくかかわり方は、英語、日本語の比較研究者によると、日本語そのものの天賦の性質だそうです。日本語に特別にそなわった美点は、流れであり、明確な始まりと終わりがないことです。(中略) ただ、現象だけがそのままの姿を現します。原因へと遡ったり、結果へと前進したりはしないのです。日本語の流れは、ただイメージの全体性のなかで、意味を深め、広げる動きだけからなります。「古池や、蛙飛び込む…」の情景のように。(同, 79-80)

　日本語の文は西欧の言語ほどには明確な構造をもっていないことはよく感じられることであるが、それを「美点」として、言葉によってイメージが流れていくことをそのまま肯定的に論じているところが興味深い。
　錬金術の言葉遣いと共通点をもっているものに、料理の言葉がある。こちらも心理学的なメタファーやイメージとしても読むことができる。ヒルマンは日本料理の「新鮮さと美しさを保ちながら、少ない量のものが多く見えるようにしなさい」という心得を紹介し、次のように続けている。

　美と出会った瞬間ほど、魂を深く揺り動かすものはありません。花伝書にある「花」の瞬間です。日本料理は、すまし汁を決して沸騰させてはならないと教えています。まるで錬金術ですよね。患者さんが澄んだ状態でいられるようにするには、スープが沸騰してしまわないように注意しなくてはなりません。きついことを言ったり、したり、怒りを出したり、急いだり、欲望をかきたてたりするのは禁物なのです。日本料理の本にはこうも書かれています。「塩は少しずつ加えるべし」と。(同)

　ここでいう「塩」はもちろん、現実の苦さでもあり、変化や沈殿を促す働きかけの比喩である。錬金術の言葉や料理の言葉を心理学的に読み取れるのは、これらが多層的な意味をもつメタファーとして作用しているからである。これは詩的言語でもある。二重の意味を醸し出すメタファー的言

語を、ヒルマンは「二枚の舌」を使う語り方として、俳句を例に引いて解説する。

> 詩から受けるいちばん本質的な教えは、二枚の舌を使った語り方です。自然観察と、こころの体験報告の両方から表現された真実です。俳句は、日本の偉大な俳人のよんだものならどれも、主観的な報告と、客観的な観察が、正確に、簡潔に、一つのイメージのなかに結びつけられています。芭蕉の世界的に有名な蛙の句は、自然現象、つまり、水面に飛び込んだ蛙と、自発的で驚きをともなった突然性、人間の意志を超えた自然の自律性との個人的な出会いの両方を語っています。
> (同, 81)

主観的な報告と客観的な観察との結びつき、それがすぐれた俳句のもたらす驚きと余韻、深みなのである。ここまで、ヒルマンは日本の伝統文化と日本語そのものがもつ、イメージに沿って、イメージを扱う力を説いてきたのだが、現在日本が直面している課題を次のように提示している。

> 私がここでお話ししたかった、一番の思いは、この、イメージの言語に戻ろうではないか、ということです。私は、個人的に危惧していることがあります。それは、ひょっとして、イメージを基礎とする言語と、イメージをこまやかに見つめる、洗練された美学をそなえた、みなさんの文化に根ざした心理学が、植民地時代、自然破壊、合理的唯物論といった歴史的経過のなかで、西洋科学主義から出てきた心理学や心理療法の実践に屈服してしまっているのではないか、ということです。
>
> (中略)アメリカ心理学が「depression（抑うつ）」と名付けて探究しているものは、日本語の新語「ゆううつ」とぴったり一致するわけではありません。日本の魂を考えるさい、「甘え」は中心的なものですが、これを英語に翻訳しても、どこか違う言葉があてられてしまいます。家族や社会から分離した、独立した自己完結的な内界という考

> え方、つまり、自分の世界と外の世界を分ける考え方は、近代西洋心理学が蔓延させた言葉の病気のひとつです。抽象的に整えられた西洋の専門用語には、感受性ひとつをとっても、日本語で言う「いとしい」、「いじらしい」、「すなお」といったこまやかな日本語表現に相当する用語は見あたらないのです。(同, 81-82)

ともすれば西洋で主流となっている考え方や専門用語をそのまま輸入して用いようとしがちな今日において、ドキリとする指摘である。イメージに忠実に沿っていく、という元型的心理学の基本からすれば、イメージ体験を描き出す「言葉」もまた、イメージ体験に忠実でなければならないのである。最後に、ヒルマンは講演をこう締めくくっている。

> 錬金術の研究は、心理学を錬金術の用語で組み直すことではありません。私はここで、新しいテキストや、辞書や、診断の定義を作ろうとしたのではありません。そうではなくて、アジアとヨーロッパ双方の古い伝統から、いくつか紹介した例を参考にして、みなさんがお持ちの日本語というすばらしい言葉のイマジネーションを豊かにし、そこからもたらされる、人間性という、奇妙な現象を、とりわけ、人間のこころ（heart）や魂が悩み苦しんでいるときに、理解する力を養う一助となれば、と心から願ってのことだったのです。(同)

現在も心理学の世界で進行中である大きな動きは、単一の真実、単一の、明快で、標準的で、正しい、普遍的な専門用語や説明理論を求めるニードが高まるとともに、そのニードに応じようとして、ローカルな、歴史や文化の文脈をもつ言葉とか、個人的で主観的な言葉は心理学として通用させてはならないかのような、「植民地主義」ではなかろうか。上に引用した文章の前半は、ヒルマン自身はそのような植民地主義的動きに与しないことを明言したものでもある。錬金術を題材にしながら、日本文化と日本語がイメージに対してもっている美点に気づかされる講演であった。

4　おわりに：ヒルマンにとっての「日本」

　以上、ヒルマンが語る日本文化のイメージを通して、日本文化がヒルマンに与えたかもしれない影響を浮き彫りにすることを試みた。

　冒頭で述べたように、元型的心理学はヨーロッパの「北」と「南」を手がかりとして、「南」に根ざした心理学を再発見することで、心理学全体を見直そうとして始まった。その際、日本文化や東洋については慎重に距離をとり、誤解を避けようとしたふしがある。

　ヒルマンの著作や講演でなされた日本文化への言及から浮かび上がってくるのは、やはり日本は「北」とも「南」とも違う、もう一つのユニークな「場所」であることである。「南」のもつ文化史、イメージ、感覚的で具体的な人間性、神々と神話（多神教）、という側面のかなりの部分では重なるところも見出しうるが、日本語の特性としての、イメージの流れに沿える構文や、直接的表現よりも間接的で、ほのめかすような控えめな表現がなされ、ごく僅かな違いに大きな意味が隠されていること、感情表現の細やかさ、単一の個人というよりも、コミュニティのなかで、相互に自己確認しながら個別性が養われる構図は、ヨーロッパの「北」にも「南」にもあてはめにくい性質である。

　ヒルマンはよく「日本に来るたび、私は日本から学んでいる」と樋口和彦や筆者に語ってくれた。能や庭園だけでなく、道頓堀のネオン看板にも、高野山のロケットやコーヒーカップ型の墓石にも、目を丸くして感激されていた。ヒルマンにとって、日本は元型的心理学が切り開こうとしているイメージへの忠実性、イメージ水準でなされる相互作用や分化（深化）が長きにわたって伝統となり、しかも現代も生きられている場所として、あるときは着想の源となり、あるときは西洋文化を相対化するための足がかりとなって、影響を与え続けたのではあるまいか。日本文化に根ざす「美」もまた、ヒルマンに影響を与えていたに違いない。そして、日本から学んだことを開陳したり、日本文化について述べることが少なかったのは、日

本文化への尊敬の念の強さから来るものであったように思われる。

では日本の私たちは、西洋をはじめとする異文化から、ヒルマンが日本に学んでくれたように、謙虚に、深く、しかも驚きをもって学べているであろうか。こう自問しないでいられないほど、ヒルマンの学ぶ姿勢に心打たれるのである。

文　献

Hillman, J. (1983). *Archetypal Psychology*. Dallas: Spring Publications.（河合俊雄（訳）(1993)．元型的心理学　青土社）

Hillman, J. (1985). Extending the Family: From Entrapment to Embrace, *The Texas Humanist*, 7 (4), 6-11.［In: *The Essential James Hillman: A Blue Fire*, p.196.］

Hillman, J. (1989). From Mirror to Window: Curing Psychoanalysis of Its Narcissism. *City and Soul*, Uniform Edition, Vol. 2. Connecticut: Spring Publications, 2006.

Hillman, J. (1989/1991). *The Essential James Hillman: A Blue Fire*. T. Moore (Ed.), New York: Harper Perennial.

Hillman, J. (1997). *The Soul's Code: In Search of Character and Calling*. New York: Grand Central Publishing.（鏡リュウジ（訳）(1998)．魂のコード――心のとびらをひらく　河出書房新社）

ヒルマン,J.，名取琢自（訳）(2000)．心理療法のはじまりについて　日本心理臨床学会第19回大会記念講演，2000年9月15日，京都国際会館，未公刊

ヒルマン,J.，名取琢自（訳）(2004/2005)．心理学のいとなみ――錬金術のイメージ世界　臨床心理研究，京都文教大学心理臨床センター紀要，7, 73-82.

Hillman, J. & Shamdasani, S. (2013). *Lament of the Dead: Psychology after Jung's Red Book*. New York: W. W. Norton.（河合俊雄（監訳），名取琢自（訳）(2015)．ユング『赤の書』の心理学――死者の嘆き声を聴く　創元社）

夢分析と能楽[編注1]

樋口和彦

はじめに（序として）

　ここでなぜいま能楽という日本の古典芸能を取り上げるか？　その理由からまず始めたい。その第一は、かねてから私の持っていた疑問からこの話は始まる。それは、日本の夢分析と西洋の夢分析はかなり性格が異なっているのではないか？という疑問である。これは今も解決していない。長い間、私は自分がまだ能力が不十分で、西洋の人々の考えているような厳密な心理分析的な思考が未熟であり、夢分析の奥深い境地には到達できず、したがって私の夢分析は本当の夢の分析にはなっていないのではないか、とこれまで感じていた。結果として、自分の夢分析を充分に他者に説明できない、というもどかしさを常に抱いていた。国際学会に出席して西洋の人の夢分析のケース研究を聞いていると、多くの場合、明確な説明があり、なるほどそうだなと感心する。同時に、「でも少し違うな！」と思う点も多々あった。では、「それではお前の思うところはなんなんだ！」と言われると、この差異をなかなか今日まで、上手に言えないできてしまった。今後も、容易には言えないかもしれない。

　しかし、もう今年で80歳の齢を数えたので、これに何かの決着をつけたいと、今真面目に思っている。そのようなときに思い当たったのが、日本の古典芸能である能（Noh Play）との関連である。

最初にお断りしておきたいが、私は別に能楽の研究家でもなければ、また謡（うたい）や演技の出来る人でもない。これはこれで通暁するには一生かかるほどの深さをもった学問である。私は一人の未熟な能の愛好家であって、ただ、夢の分析は日本で長く行ってきたので、かねがねこの両者には深い関係があるのではないかと思い、これに興味をもって考えてきた。そこで今回は、大胆にもこの能を借りてユング派の夢分析の深奥を自分なりに摘出して、自分の夢分析について考える点を明らかにしてみようと思った次第である。いわば能を借りた私の夢分析者としての体験をまとめて、表出したものである。

1　ワキとしての分析者

　能の演者には大別してシテとワキの演者がある。シテは仕手筋の家柄の人が演じ、決してワキ筋の人が演じることはない。普通シテが主役でワキは脇役と言われているが、現代演劇のそれとはかなり相違している。普通シテは面という幾通りの仮面を付けるが、ワキは「ひためん」といって素面で舞台にいつも登場する。

　ワキはどこまでもこの現実世界に属していて、この世界に密着して生きている者を表している。分析家もどうもそのようで、真に現実的な人間である。早い話が、フロイト以来一時間いくらという料金を患者から頂戴して生活を立てている。それを断って、下手に神秘家や宗教家を真似ると失敗する。しかし、同時に我々はそれを超えた世界で両者を交流させうる能力をもっていなければならないことを知っている。

　このワキは優れたコミュニケーターであると同時に全体を取り仕切る舞台回しで、演劇全体に関わっているのである。だから、この点ではむしろ主役である。しかし、本当の舞台での主役は別にいる。ワキは劇全体を決して支配しないし、ただひたすら、陰の役に徹している。どの演目でも大

方登場者の紹介が終わると、辛抱強くただひたすら舞台の隅に座ってじっと劇の成り行きを見守り、劇の進行の成り行きを聞いている。まことにしびれの切れるしんどい役で、この姿はどことなく分析者に似ている。

ワキの服装はシテに比べると常に地味であり、それこそ文字通り舞台のワキ〔脇〕に徹している。私が想うに、分析家が主役になったら、ユング派の夢分析は終わりである、と思う。本当の主役はシテであって、なにより大切なのは見ていること、聞いていること、そしてそこに存在する特別の能力である。

普通ワキはまず最初に舞台に登場する。そして、多くの場合、旅人の姿で現れ、祈りの姿勢をもった僧という旅姿で登場するのが普通である。しかも彼はたまたまその場に通りかかった人で、多くの国々を経めぐっている時に、たまたま今その場に居合わせたのである。そこは何の変哲もない普通の場所で、多くの人々はただその場を知らずに通り過ぎてしまうのだが、彼だけは何かを感ずるところがあり、その所に立ち止まる。旅は人を異界に導くのである。この特別の場（Locus）に対する心の傾斜が大切なのである。これはまさに犬など動物の嗅覚にも似た特技で、歌を詠む旅人は歌枕を巡って歌を詠んでその場の霊を呼び出した。

分析家は被分析者をなぜ分析室にその時と場に招きいれるのだろうか？　分析家が人間として、限りある自分の人生の中で、どうしてこの人を自分の被分析者として選んだか、しばしば「ああ！　そうだったか！」とかなり後になってその意味を知ることになるのである。これらを転移や逆転移とよんでもよいが、私はこれにはそれ以上の神秘さを何時も感じている。だから、ただある人に分析を強く乞われたからといっても絶対にしない。大切な自分の時間を浪費したくない。では、どうしてその人を選択するか？　それは仮に「魂の嗅覚」によると、私は応える。つまり、旅人は何時でもその場を立ち去ろうと思うと、立ち去れるのであるが、立ち去り難いものがあるのである。この捨て置けないというのが魂の磁力である。

したがって、心ではいつも私は魂の遍歴者であり、旅の人であり、さらに言えば、旅の終点をもたない途上人である。これが基本的な性格であると思っている。この点で、たとえ彼がどのようなペルソナをもっていても、

心の基本的な性格としては、分析者は丁度中世の医師のように、世界を広く訪ねる魂の漂泊者である。飽きることなく、遍歴し続けて、心の全体性を知ることに迫り、生身の体としては人生が終わるまで決して満足することはない。

2 能の舞台と塚

　普通能の舞台には何の舞台装置もない。だだ、いつも青々とした一本の松の木が能舞台の背景に描かれているだけである。この四角な白木の磨き抜かれた床だけが舞台である。「もの」がなければないほど、「こころ」の想像力は働くようである。能ほど動きも、色も、音も、徹底的に極限まで磨き抜かれて、研ぎすまされているものはない。そこで初めて最大限の人間の想像力が無限大に拡大するのである。静かなすり足の数歩が、何千里の旅を象徴しているし、面の少しの上げ下げが、人間の人生の喜びと、悲しみとを表現している。

　免疫学者の多田富雄という人の作に、新作の能の『無明の井』というのがある。ご多分にもれず、旅の僧が出てきて、ある井戸のところにさしかかる。そこで、脳死状態で心臓を摘出された若い漁夫の霊に出会う。その漁夫がその恨みを旅の僧に語ると、そこに、その心臓を移植された若い女の霊が出てくる。これは、他の人間の肉体の価値を部品としての臓器としか考えない現代に生きていて、それを知って受けた側の精神的な苦悩を呼び覚ますのがこの劇の見所であり、この場合シテという主役は若い女の霊であって、その古井戸がお互いに知らずにいた3人の会う特別の場所となっている。

　普通、患者の夢を象徴にしたがって、ただ解説するのは、これは言葉の説明であり、言葉のインフレーションで、その力をそぐ。患者の窮境での言葉や、能で奏でられる、一声の笛や鼓の破音のように、短く心に刺さっ

てくるものがある。能においては、何よりも大勢の謡と共に、鼓と笛のまことに喚起的な音色は人のイマジネーションを鋭く呼び出してくる。

　舞台には多くの場合、飾りのない簡単な舞台装置として、塚というしつらえがその時その時に置かれる。竹で編んだ駕篭のように簡単な軽いものや、時に生の草花で飾られている井戸や篭である。この何気ないサインが旅人の心の琴線に触れて物語が語られるのである。旅人は動くが、塚はそこにあって、動かない。執心という定着がここにあるのである。

　普通、長々としたクライントの繰り言や、想い出話は何の感動も分析者にはもよおさないが、そして分析の過程は動かないが、時にその動きの異常な無さの中に「おや！」を呼び出す。そして、人をしてある「こと」に出会わせる。それが歴史的な場所であったり、祖先の記念の場所であったり、歌枕であったりする。そこで人の怨念の「もの」に出会い、その「物の怪」に触れて話が始まるのである。

3　夢分析の開始と終了

　西洋の近代劇は幕が開いて開始され、幕が下りて終結する。ユング派の夢分析も同様であって、この明確な開始と終結があってこそ心理療法といえるのであろう。つまり、始めと終わりがある特別な人間関係といえるだろう。東洋の師と弟子の関係は一生もので、いつになっても原則として死ぬまで師は師である。その間の礼節は厳しい。それは必ずしもただの一時間いくらの金銭関係ではない。

　まず、舞台の幕が開く前に、能舞台には鏡の間、幕の内という舞台に出る前の空間の間がある。また、楽屋と舞台を連絡する橋懸かりという特殊な場がある。そこには等距離に目安として松が３つ置かれている。言い換えると、始めと本当の開始との間の特殊な空間であり、また時間でもある。観客は静寂のなかで、声を潜めてひたすら息を呑んで開始をまつのである。

じつは、日本ではクライエントを本当に被分析者として分析関係を開始する時、じつはもうすでに前史が始まっていることが多い。割合今まではお互いに狭い社会に住んだ祖先以来の知り合いで、双方にとって名前からして簡単に想像されたり、知り合いでなくとも、噂、紹介者、電話の声、誰かの口利きなどで、実質的な人間関係はすでに始まっていて、それを後で気づいてももう遅いという場合が西欧に比べて実に多い。したがって、深刻な人生の問題で悩む人々にとって、悩みが深ければ深いほど、どこか身近で自分を救ってくれる人がいないか、もし発見したらしゃにむに摑まえたいという力が働くのである。これは、人間の意識の深い所で始まっているから、分析者にとってかなり強力な選択の自由の心の力を必要としている。後から気づいて逃れようと思ってももう遅い。つまり、まだ始まっていないけれど、始まっているのである。能の橋懸かりの状態は実によくこの状況を表現している。

太陽は朝顔を出した時、一秒の狂いなく朝が始まるが、日本では月が出たとき夜が始まるとは限らない。夕方まだ明るい内によく見ると月はもう顔を出していて、我々をギョッとさせることもしばしばある。

4　迷っている魂

わが国では、この世に恨みを抱いて死んだ魂には未練があり、これが晴れるまでいつまでも迷うという考えが古来からある。今でも多くの人はこの考えを秘かに抱きつづけている。多分わが国が東北アジアに分布するシャーマニズムの影響下にあったからであろう。わが国の仏教も古来の宗教と習合して、天地万物、動物や植物まであらゆるものには仏性があり、すべては死んで成仏すると考えた。反対に、成仏していないものは、その恨みを晴らすために、時にこの世に迷い出ることがあるとした。そこで、仏教では念仏を唱えて回向する時、その迷った魂は成仏すると考えたのであ

る。

　したがって、この行き場がなく迷った魂を、念仏を唱えて、回向する遊行の僧が中世には数多く存在した。この能の思想も「草木風土悉皆成仏」という本地垂迹説という神仏習合の日本中世以来の思想なのである。これが能の思想の基本にあり、その考え方は傷病老死という不幸は誰にも存在し、能が歴史に現れた当時は道の端に多くの死者が放置され、拉致されて母を失った子どもたち、恋人に捨てられた不幸な女などの深い怨念が主題となって演ぜられていた。

　夢の分析において、被分析者が分析関係の中に持ち込むものは、中世も今もまったく同様で変わりなく、対象となるのは、形こそ変わるが、人間のどうしようもない理不尽な不可解な悲しみであると私は思う。それを心の外から見るのではなく、心の内から心を見るのである。そして、今も分析者はこれらの解のないように見える問いとその対応という課題に常に出会う。

5　能の中の女性

　能には「狂女」ものというジャンルがある。中でも印象的なのは、否定的な姿で表れる女性、つまり夜叉系の面の凄さにそれが表されている。まず、嫉妬や妄想に苦しむ女性は、しばしば額に角が生えていて、顔は青白く、口が大きく耳まで裂けている面相をしている。舌は蛇のようにその先が割れていて、吐く息は焰のように火を噴く。清楚な慎み深い妻が夫を横恋慕の恋人に寝盗られると、突如として凄い形相に姿を変えるのである。『道成寺』の鬼などはこの例である。能にはこの種類には多くの名高い演目がある。

　これは恐らく中世に生きた女性が、平安の貴族の時代が終わり、勃興してきた武士という男子によって当時ひどく抑圧されていたせいかもしれな

い。そして、鎌倉、室町の男性社会が立ち上がると女性は社会の陰に廻されるのである。これは、この中世という時代のみならず現代にも続いている課題である。

　人類の得意な２分法によって考えて見ると、象徴的に男は昼間、女は夜、なぜか知らないが、黒は悪とつねに結びつかされてきている。意識が人間の明るい面を代表するとすると、どうしても女性は陰の部分として取り扱われやすい存在である。特にこの近代ないし現代文明社会は、基本的に男性文化で、夜を昼間のように明るくして働く電気の発明のように、昼が夜に勝ち、夜を殺そうとし、不眠に悩むことになる。その上、現代社会は上滑りで廻る外向的な文化が断然優勢で、本来の人間の生活を考えるとき、いかにもバランスに欠けていると言わねばならない。今でも、能は夜、能舞台で篝火を焚いて演ぜられるばかりでなく、京都の薪の能のように野外に公演されることが多い。

　本来、女性、特に母性はすべての根元である。すべてを生む無意識そのものという性質ももち、その内には暗さばかりではなく、すべてを創造する生命力に満ちた根元的なものをもっているのである。本来のエロスはこれであり、単なる男性に対する女性の性として囲い込まれるべきではない。

　しかし、一旦これが囲い込まれてしまうと、反対に男性の意識に対して、無意識の否定的な力としてまず顕われる。例えば、『墨田川』に出てくる狂女のように、これは浚われたわが子との再会を求める狂乱の母の姿である。遠く東の国に来てまでも、わが子の姿を追い求め、たとい夢でもよいからわが子を一目見たいと思っている。彼女はたとえ死んでも、魂は娘を尋ね求め、怨念となって、三界を経めぐるのである。両者は本来合一すべきものとして、ただ会いたいという一心、執念となって夜叉の姿として現れる。

　また、『班女』では、扇が、別れてもなお会う男女の仲の要で、それが象徴となって使われている。昔、遊女花子と吉田少将が深い契りを交わすが、別れ別れとなり、花子は激しい恋慕のあまり狂女となり、下鴨神社の境内で踊りを踊っている所に少将は行きあわせる。その女が思わず抱きしめる扇を見て、彼にはそれが花子であることが直観的に分かる。女のひた

むきな愛を強く感じさせるのがこの能の『班女』である。狂うほどに別れても、その中心が結ばれているのが扇であり、これがシンボルとして巧みに使われている。

ここで驚くのは人間のエロスのエネルギーのもつ起爆力である。本来一つであるものが、例えば相思相愛の男女のように、また母子のように、本来合わさっているものが、暴力によって引き離されると、それはそれは恐ろしいほどのエネルギーを呼び起こし、再び合一することを求めるのである。この全体性への強烈な力を我々は無視してはならない。『隅田川』においては、その恐ろしい本性を現して、後シテとなって姿を変じて、「もののけ」として現れるのである。これは、時に分析家の目の前のクライエントの姿ではなく、次々とその姿を変えて、その人の奥深いところに棲む真の姿になって現れるのである。

ここが分析の奥の深いところであり、眼前のクライエントの問題の解決につきあえばよい、という程度のものではなく、これが能との対比で興味津々たるところである。

ここで思い起こすのは、今まで出会った私のクライエントのことである。いずれもが、最初お会いした時は、その人の日常的な適応の問題として、その解決について話しあっていたが、分析が終わってみると、主人公の姿はまったく違っていた。能で言えば、後シテである。例を私の症例に求めることができる。^{編注3}（略）

能ではこれを前シテ、後シテといって次々と別の姿になって舞台に現れることがある。西洋の演劇のように人物がもう一人の人物と対立して劇が展開するのではなく、意識の奥、そしてさらにもう一つの人間の意識の領域へと導かれて、訪ねるのである。その過程を能が次々異なった面や衣装で我々の前にその姿を見せてくれるのである。

6 退屈と面白い

　通常の能は、現代の我々にとっては見ていてあまり面白くない。多くの場合、我々にはむしろ退屈である。これと同じく、夢の分析も多くの人には面白くない。また、多くの人は、反対に面白いと思って始めるが、進むほど面白くなくなる場合も多いのである。私の経験でも夢分析の大部分は面白くない。

　しかし、この面白くなさがくせ者であって、その時になぜ面白く感じなかったか、後になって分かってくることが多い。現代人はいつもただ面白いものだけを探し求めて、無限に続く面白さの挙げ句の果てに、何をしても同様で退屈を感じる人もいる。能の単調な、古代的な調べや、動きの少なさに我々は最初閉口する。つまり能には現代人の感じ方を拒否する何かがあるのである。同様に、夢の分析もたえずクライエントが一回一回、癒されていく過程と思い、たえず目に見えて向上する治療だと思うとむしろ腹がたってくるはずである。「おもろい」[編注4]という言葉は、人間の幸福である状態とは関係なく、むしろ人間の生の無限の悲しみに我々が付き合う時に、このおかしみが突き上げてくるのである。どうにもならない運命のじれったさから出る笑みなのである。

7 能『井筒』の女性たち

　井筒は能の演目の中でも夢幻能といわれる範疇のもので、代表的なものであり、夢分析の観点から真に興味深いと言わねばならない。まず、このドラマ全体が僧の夢で、やがてほのぼのと夜があけ、夢から覚めるという。原文では「夢は破れ、明けにけり」という凄い詞で終わっている。

物語は次のように展開している。時は秋、諸国を遍歴する僧がまず現れる。大和国在原寺という昔わが国の理想的な男と言われた在原業平が紀有常の娘と夫婦の契りを結び、生活をしたという特別な場所を訪れる。すると、一人の女が現れ、井筒という井戸に水を手向ける。僧がその女の素性を聞くと、最初この辺りの者と言うが、じつはかつて業平と契った娘の霊であった。この娘は幼い時から業平と共に成長し、やがて井筒の娘として結婚したのであった。しかし、業平が他の女に心をひかれた恨みを述べて、井戸の中に消えていった。この前シテに代わって今度は後シテの井筒の女が業平の冠と直衣をつけて、姿を現す。この舞がこの能の中心であって、月の澄む中、狂おしく舞を舞い、井筒に寄って水鏡に己の姿を映す。懐かしい、今は亡き業平の姿が其処にある。

　この水鏡に映すことによって恋い慕う相手が眼前し、相手の「もの」を自ら着ることによって、「もの」と「こころ」が合体する。自分であり、同時に相手である境地を表しているが、それは鏡という反省、省察、熟考という過程をとおした到着点であった。これは魂の営みであって、ただ短絡的に物に執着すれば、それは呪物崇拝に堕落するのである。この井戸という水鏡の存在が分析であった、単なる西欧の発明になる顕微鏡でも、望遠鏡でもない。それらは、対象を間近に詳細で精緻に捉えるが、観る人の分まで摑まえることができない。

　能ではすべてを男が演じているので、女も男が演じている。したがって、この肉体性を離れて、精神性を表現するのに真に適しているし、アニマとアニムスの働く様子を観るには適している。そこに、着物の匂いという微細な物質の存在を忘れてはならない。当時は、着物にはそれぞれの人の匂いが炊き込まれていて、それはこよなくその人の人格を偲ばせるのである。亡くなった人は、その人の形見の小袖によって、より身近にこの人が感じられ、過去がつねに現在をして生きた姿を表す。

　このように能の時間は様々な時間軸をもち、常に自由に過去と現在が行き来し、最後にその過去を現在化することによって、人間世界を豊かにしているのである。しかも、夢を栄光化するのではなくて、夢が醒めて破れていく悲しみを内に秘めた現在化なのであって、意識の勝利では決してな

い。

8　魂の再生としての能楽と夢分析

　能楽の最後に姿を現すのがシテであって、最後の最後の後シテのように、実はそれ以前の、表れた姿は仮の姿であって、本当の姿はこれだと本性を現すのが能の本来の道筋である。つまり、この尋常ならざる姿、霊の世界こそが本当の人間の姿であって、その世界の力に与(あずか)ることによって、今の汚れた世界は一新されるのだという、強いメッセージ性をもっている。これが神道の祓いの思想であり、安田登氏の表現を用いると、「リセット」の思想ということになる。リセットとは近頃のコンピューターを使う人ならよく分かるが、今までの作業を一旦元に戻すことである。このように、異界と出会うことによってもう一度人生をチャラにして、出直す新生を意味するのである。このワキからみると、ひたすら祈念して内に籠もる求心力と、外に悪を祓うという排出力との両方の力を使っているように思う。後者は主として、専ら古い『翁』などのような祝言の舞に見られ、古い形を保っている。

　ここで再度注目すべきはワキが旅人のように動きまわるが、シテはある場所に定着していることである。つまり、クライエントの hängenbleiben（執着）はいつもそこに定着し、動かないという特徴をもっている。だから、病であり、成長がない。もし、旅人が通りかからなければ、永久にそのまま留まるのである。これを、呼び出し、いわれを聞き、祈禱することによって成仏させる。その力が試されるのである。この課題はほとんど不可能に見えるが、どの能でも霊はその素性を語り尽くすことによって、消えて行く。屈服するのではなくて、自らの責任において、其処を去っていくのである。この面目をたてて、静かに去らせること、たとえその途中には激しい争いがあったとしても、結果において、相手は自らその場から離

れていくのである。其処に至らせる力は何か？　それは能では、歌枕であり、掛詞であり、お経であり、創唱宗教というよりは自然宗教という文化の力で、シテの霊は思い切ってあの世に去っていくのである。

9　面の諸相

　いつの頃か私の分析室には何種類もの面がかかるようになった。イタリアの半面泣きで半面笑いの道化の面や小面もあり、京都の嵯峨面で顔がゆがんだひょっとこの面もある。分析を受けにくる方々が自分は気づかないが様々な表情で訪ねてこられるからである。多くの場合、クライエントはそこに掛けられている面には気づかないものである。多分、自分の今の緊急の問題に気を取られているからだろう。そして、終結の頃になると、決まって私に尋ねる。「この部屋に来たとき私こんな顔していましたか？」と。
　能には古来さまざまな決められた面がある。これを知ることによって、人間の置かれている様々な状況をより具体的に知ることができる。ときに精神医学的診断より適切なこともある。それらの種類を挙げると、神の面として、翁面。鬼面としては、大飛出、大ぺし見、小ぺし見があり、男面として、中将、小尉、痩男、頼政、邯鄲男などがある。女面としては種類も多く、姥、般若、深井、老女、小面、増女、橋姫など多彩である。他にも一面物としても多数ある。

10 能役者の訓練について

　能の役者はそれぞれ生まれた家によって役柄が決まるが、近年になって自由に修業をして演ずることも出来るようになった。しかし、先に述べたようにそれぞれの役割の分担は決まっていて、両者の間の行き来はできない。世阿弥70歳（1433年）の作といわれる「風姿花伝」一名「花伝書」ともいわれる能の奥義を書いた書によると、能の稽古は次のように書かれている。「この芸においては七歳をもて始めとす」とあり、12、3歳でようやく声も調子も出て、声変わりして、17、8歳で第一の花は失せるとある。24、5歳で稽古の境があり、ここに初心の花が咲く。これは珍しき花ではあるが、34、5歳で盛りを迎え、44、5歳ではもう人の物まねはできず、50有余歳で真の花が咲き、老木になってもなお花を遺している、と教えている。これは、昨今の生涯の長さを考えると、何歳ごろを言っているのであろうか。夢の分析という仕事とその修業も、これにあてはまりうるのではないだろうか。その技術を過信した分析家はまだ、真の花をもっていないことになる。だだ、能は美しく舞うのではなくて、心の奥深い所の花を表現してこそ、それが理想なのであろう。

終わりに

　織田信長がその人生の終わりに、「人間五十年下天のうちをくらぶれば夢幻の如くなり、ひとたび生を享け、滅せぬもののあるべきか」と死に臨んで舞ったと言われている。さて、あなたに一曲舞を所望されたら何を舞おうとしようかな。人生はまさに一曲の歌に似て、分析家と二人で共に人生という舞台で美しく舞をおさめたいものである。

シンポジウム企画の経緯説明 [編注5]

　アンマン：みなさんおはようございます。みなさんとご一緒できてとても嬉しく思います。とりわけ、イングリッド・リーデルと私は、みなさんに来て貰えて嬉しいのです。まず最初に、お名前だけ紹介しますね。イングリッド・リーデル、ボー・ソップ・リー、ピア・ガイガー、ニコラス・ブランシェン、樋口和彦、以上の先生方です。よろしいですね。私たちが本日お話しする演者です。では、このシンポジウムがどのように生まれてきたのかをお話しさせて下さい。誰がこのイベント全体を、実際に始動させたのかです。

　2006年8月のちょうど中間にあたる15日のことでした。国際箱庭療法学会（ISST）の理事会の最中で、この学会は国際分析心理学会（IAAP）よりは小規模の、非常に国際的な学会ですが、両学会は提携関係にあります。そこに理事が集まっていまして、樋口先生――今ほほ笑んでおられますが（笑）――が私のところまで来られて、メッセージを伝えて下さいました。そのメッセージは、とても有名で、とても偉大な人物からのものでした。河合隼雄先生からのメッセージだったのです。河合先生は、もう私たちと同じ形ではこの世にはおられませんが、いつも身近にいてくださっています。先生は日本箱庭療法学会の創設者であり、また、日本の臨床心理士のみなさんのリーダーとしてもとても有名ですし、日本ユング派分析家協会の黎明期からいらっしゃいましたし、著作も数多く書かれた文筆家で、臨床心理学や教育のための本をお書きになられました。文化庁長官も務められ、日本文化研究センターにもおられました。このように、河合隼雄先生は、とても幅広く活躍された、すばらしい人物でした。

　先生が下さったメッセージにはこう書いてありました。ああ、もう東洋と西洋との間のコンタクトに関われていないことが、私には悲しいのです、と。そして、こう願っておられました。私たちが組織するか、連携するかして、京都とチューリッヒのユング研究所、日本とスイス、東洋と西洋との相互交流をぜひ進めていかねばと。これが先生の願いでした。

　翌朝、河合先生が発作で倒れられ、昏睡状態になったとの知らせが会場に届いたのです。ですので、まさにこれは、河合先生から私たちが最後に

受け取ったメッセージでした。先生はほぼ１年間昏睡状態になられ、2007年７月にお亡くなりになりました。こういう経緯はとても悲しいことではありますが、美しくもあります。私は先生のメッセージを持ち帰り、イングリッド・リーデルに打ち明けました。彼女はいつもすばらしい同僚でしたし、それと同時に、炎、燃え盛る火の人、熱狂的な人でもあります。こうして私たちは計画に着手しました。私たちに何ができるのかを考えたのです。後日、２人の案をまとめ、ユング研究所に持ち込みました。そのイングリッド、燃え盛る炎の人も、ここに座っています。

そしてこれが、今日、私たちが集ったわけなのです。そして、私は心を込めて、河合先生に、このシンポジウムへのご貢献に感謝を捧げたいのです。河合先生もまた、ここ、チューリッヒ・ユング研究所の卒業生でして、素晴らしい方でした。

みなさんがこの２日間、素晴らしい日々、とても興味深い日々を過ごされますように願っています。そして、皆様方同士が、休憩時間などに、お話をなさることも願っています。もうここで東洋と西洋の相互交流が始まっていますね。だっていま見渡しても、世界中から来られた学生さんや参加者がおられますから。どうかこのチャンスを逃さず、休憩時間にはご一緒にお話をなさって下さい。

さて、ここでいよいよ皆さんに、光栄にも、大きな喜びをもちまして、日本の京都からお越しになった樋口和彦先生をご紹介させていただきます。樋口和彦先生は日本で神学を修められた後、アメリカ合衆国に留学してユング心理学を学ばれ、そしてここチューリッヒ・ユング研究所を卒業されてユング派分析家になられました。この研究所で、です。ですので、私たちはとても誇りに思います。

先生は、まず第一に、京都文教大学の学長であられ、また、日本のユング派分析家協会の会長も勤めておられます。日本のジャーナル『プシケ』の出版にも携わってこられました。それから国際箱庭療法学会のアジア諸国担当の副会長もなさっています。このように、先生は本当に非常に高名な方でして、私たちも先生に多大な恩恵にあずかっています。

先生は、日本社会に分析心理学を持ち帰られたパイオニアの一人として、

日本の皆さんの中でもよく知られていますし、ユング心理学のなかでも有名ですし、一般の方の前でお話になる演者としても、よく知られています。このたび先生は、教育と心理学、とりわけ、ユング心理学と箱庭療法のご功績から、日本の天皇陛下から勲章を受けられました。先生をお迎えできて私たちは本当に誇りに思います。樋口教授は、能楽と夢分析についてお話をして下さいます。ではどうぞよろしくお願いします（拍手）。

文　献

金子直樹（2001）．能楽鑑賞百一番　淡交社
小山弘志・佐藤健一郎（1997）．謡曲集 1　小学館
小山弘志・佐藤健一郎（1998）．謡曲集 2　小学館
味方玄（2006）．能へのいざない――能役者が伝える能のみかた　淡交社
安田登（2006）．ワキから見る能世界　NHK 出版
世阿弥作，野上豊一郎・西尾実校訂（1958）．風姿花伝　岩波文庫

編　注（名取琢自）
1 本稿は、樋口和彦先生の遺稿より、2008年 2 月16、17日に開催されたチューリッヒ・ユング研究所でのシンポジウム『東洋と西洋の宗教とこころ（Religion and Psyche in East and West）』講演原稿の日本語版（2008年 1 月20日版）を採録したものである。明らかな誤字や字句の重複などに最小限の修正を加えたほかは、原稿の表現を尊重してそのまま掲載した。シンポジウムではこの原稿をもとに英語で講演が行われた。本誌への掲載を許可いただいた樋口綾子様にこころより感謝申し上げます。
2 多田富雄（2001）．脳の中の能舞台　新潮社　所収
3 事例部分の詳細は割愛した。職業や住居を変えたことで苦しんでいた人が現在の境遇を受け入れ、「後シテ」として眺めなおす境地に至るまで長い時間を要した数例が簡潔に述べられている。
4 情感のこもったおかしみが心の底から突き上げてきてふと口からもれ出てしまう感じを込めて、あえて関西ことばで表記されている。関東のアクセントを基調とする樋口氏の口から、時折このような関西ことばがゆっくりとしたテンポでこぼれ出て、なんとも言えず温かみのある雰囲気がその場に醸し出されることがよくあった。
5 本講演が収められたシンポジウム当日の録音（Symposium: 16-17. February 2008,

Religion and Psyche in East and West: Intercultural Encounter, Japanese Noh Play and Dream Analysis Considering the Psyche of East and West by K. Higuchi. CD-ROM, C.G. Jung Institut Zürich）から、シンポジウム企画の経緯についてコーディネーターのルース・アンマン氏より解説された部分を許可を得て日本語訳し、採録した。本講演はこの説明に引き続き行われたものである。

講演録

二頭の虎　そして　続くこと、去りゆくこと、残されたもの
まだ終わっていない、ジェイムズ・ヒルマンとの共同作業
樋口和彦先生に敬意を込めて

マルゴット・マクリーン
芸術家／ヒルマン夫人

マーマー・ブレイクスリー
作家／ジェイムズ・ヒルマン友人

編訳　名取琢自
京都文教大学
北山心理オフィス

編訳者まえがき

　2015年6月6日、日本ユング心理学会第4回大会プレコングレスにおいて、シンポジウム「元型心理学と死：ジェイムズ・ヒルマン、樋口和彦、両先生を偲んで」が開催された。プログラム前半ではヒルマン夫人・マルゴット・マクリーン氏と友人のマーマー・ブレイクスリー氏による映像、音楽、朗読による作品が上演され、後半では秋田巌（京都文教大学）の司会のもと、両氏に名取が加わってフロア参加者との対話も交えてディスカッションを行った。当日の内容はプライベートな内容も含まれるため、録音、録画等はご遠慮いただいている。後日、一部分でも掲載可能な箇所がないか打診したところ、特に本誌のために、公開可能な部分を抽出して再編集したダイジェスト版を制作していただけたので、以下に掲載することとなった。掲載をご許可下さり、再編集の労を執っていただいた両氏に心より感謝申し上げる。

　文章や写真は当日上演された素材とほぼ同一であり、ライブ・パフォーマンスの臨場感が感じられるものになっている。オブジェや絵画はマルゴット・マクリーン氏の、詩文の多くはマーマー・ブレイクスリー氏の作品である。

　文中、ゴシック体で示された名前は、ナレーションの声を示している。（なお、作中に引用される詩やヒルマン著作の文章は邦訳をもとに、作品の趣旨にそって文体など適宜手を加えさせていただいた。既存の邦訳が入手できなかったものは名取が訳出した。）

「好奇心に従い、重要な観念に問いを立てていき、踏み越えの危険を冒しなさい。

　…それには勇気が要る。古い観念を放り出し、奇妙な観念に向かっていき、我々が恐れる出来事の意義を変えていくのだ。

　これがつまり、好奇心を持つための勇気なのだ。」

——ジェイムズ・ヒルマン

＊　＊　＊

二頭の虎　そして　続くこと、去りゆくこと、残されたもの
まだ終わっていない、ジェイムズ・ヒルマンとの共同作業

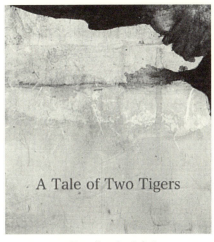

二頭の虎のおはなし

ジェイムズ・ヒルマンから樋口和彦への手紙　2004年3月

樋口和彦先生へ

　　　　　　　二頭の虎のおはなし

　昔むかし、20世紀はじめの春、虎の赤ちゃんが2匹、3月にアジアで、4月にアメリカで、あいついで生まれました。育ち方はもちろん違っていましたが、同じ時代の困難をともに乗り越えていきました。そして、どちらにとっても異国の、冷たい山脈と大きな青いトラムの国、原住民がチョコレートを主食としている国で、2匹は出会い、深い愛情に根ざした友情が、魂に刻み込まれました。

　その国を離れた後、アメリカの虎は紙を主食として、ばりばり食べて、たくさんの本を次から次へと食べていったおかげで、ずいぶん強くなりました。アジアの虎といえば、人々を教え、導き、ともに旅をし、世話をし、カウンセリングをしたりして、強く育っていきました。

　そのあいだ、二頭の虎は違う人生を送りつつも、つかの間、故郷から離

れて、奇妙な場所で再会することもありました。イタリア、ニューヨーク、そしてなんと大阪でも、再会の機会に恵まれたのです。

　二頭の愛情は豊かになる一方でした。そして、互いの尊敬も。そしていま、年を取ってからも、どちらも老いた虎に期待されるような、寝そべって追憶にあそぶ、ということもありません。どちらも、描いているファンタジーは、様々な動物の魂といっしょに、地図のない国で余生（来世）をのんびりすごす、というようなものではありません。

　それどころか、二頭の虎はどちらも、計画を立て、家を改築したり、この世での計画を、それも、領域を拡げていく計画を立てていますし、本棚をどうするとか、水道の配管をどこにするとか、カンファレンスや旅行をどうするといった、とても具体的なファンタジーを育てています。

　この虎のおはなしは、まだまだ終わりそうにありません。そして、アジアの虎は、今日のこの日もまた、大勢の人々に囲まれて、新しい冒険をいつも心に思い描きつつ、食べ、飲み、話をしています。この虎の魂はとても大きいので、いつでも領域を広げつづけていなくてはならないからです。アメリカの虎は、アジアの虎の魂にこころからエールを送ります。そして、二頭が出会い、ともに生き、友愛をよろこび分かち合うように、巡り合わせてくださった、神々に、こころから御礼を申し上げます。

ジム（ジェイムズ・ヒルマン）より。

2004年3月

＊　＊　＊

二頭の虎　そして　続くこと、去りゆくこと、残されたもの
まだ終わっていない、ジェイムズ・ヒルマンとの共同作業

続くこと、去りゆくこと、残されたもの
ジェイムズ・ヒルマンとのまだ終わっていない共同作業

マルゴット・マクリーン：私の夫、ジェイムズが亡くなった後の夏、マーマーと私はこの作品の最初のバージョンを、ニューヨーク市でのある心理学会議のために上演しました。その次に、樋口先生と日本のご友人、同僚の方達——これがアクイフェロ会の立ち上げでしたが、ご一行はコネチカット州・トンプソンのヒルマン自宅に来られ、そのためにも上演しました。この度、京都で今回のバージョンをお持ちできたことを光栄に思います。これは、樋口和彦先生を偲ぶ会のために手を入れての上演になります。

マーマー・ブレイクスリー：ヒルマンの考えの一つ一つが、この作品の繊維を貫いて織り込まれています。…でも、もっと重要で、もっと興味深いことは、ヒルマンが「観念（idea）」と言う言葉にアプローチしたやり方です。この言葉は、ギリシア語の「モルフェ（morphe）」に由来します。形という意味で、形により支配されています。この意味で用いるなら、観念は芸術に不可欠ですし、芸術は観念の本質に他なりません。これは芸術家のアプローチ、詩人のアプローチです。「観念」は概念的なものに関連しているとしても、美との関連には及ばないのです。

* * *

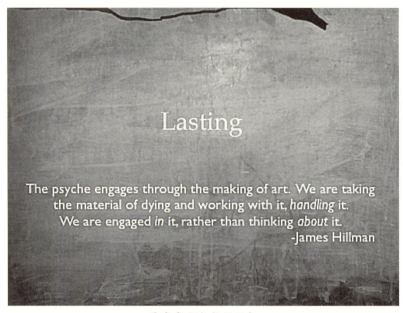

生きながらえること

「こころは芸術制作の全過程に関与している。我々はある死にゆく素材を取り上げ、それに取り組み、取り扱う。それについて考えるというよりも、それにただ没頭しているのである。」

　　　　　　　　　　　　　　　　　　　　——ジェイムズ・ヒルマン

『ぼくたちは言葉に囲まれて生き、死んでいく。看護師は「心地よいですか？」と尋ねる。それで、ぼくは答えを探そうと意識を向けるのだけど、これまで感じたことがなかった感覚を味わっている。』

　　　　　　　　　　　　　　　　　　　　——ジェイムズの言葉

　マルゴット・マクリーン：ドゥ・パロ医師が部屋を出たあと、ジェイムズはこう言いました。「六ヶ月したらぼくは死んでいるかもしれない。」すこしの間。「やりたいことは分かっている。さあ、メトロポリタン美術館に、ボナールの絵を見に行こう。」

それは癌でした。しかも、癌の再発だったのです。

マーマー・ブレイクスリー：

　プライマリ・ケア、呼吸器科医、整形外科医、神経科医、腫瘍科医、胸部外科医、麻酔科医、理学療法士、鍼灸師、緩和ケア
　脱水症状、貧血、吐き気、嘔吐、放射線性回腸炎、肺炎、敗血症
　ヴェラパミール、レヴァクイン、リリカ、フェンタニール、ディローデッド、ディルチアゼム、ハルドール、プレトニソン　3 1/2錠、プレヴァチッド、オリーヴ、リド・パッチ貼付、リド・パッチ剥離、ペプシド、タイレノール、フロマックス、MSコンティン100mg　8時。レクサプロ、ミララックス、シュメア・ジェル、肩のアイシング　7時。ゾフラン溶液（吐き気止め）1、コラース、センナ、オート麦スープ、カリウム、電解質、治験薬（画期的新薬）、ブルー・ベルベット（あへん剤）

　シナイ山病院、コロンビア大学長老派病院、スローン・ケタリング癌センター、デイ・キンボール病院、ER、救急ケア、10階、14階、地階の放射線科、検疫、理学療法、MRI、CATスキャン

*　*　*

ここは哀れな者の王国ではない
（療養所にて）

ここは哀れな者の王国ではなく、
悲しみの家でもない。
でも帽子を取って
入りなさい。
誰にもわかりはしないのだ
ここのどこで愛が燃え上がるのか
誰の精神が目を開けて見ているのかなんて。
ここで読書する人もなく
ここで書き物をする人もない。
けれども神は
眠っていても
起きていても
そのハートを見逃しはしない。

　　　　　　——ウラフ・ハウゲ（英訳　ロバート・ブライ）

*　*　*

二頭の虎　そして　続くこと、去りゆくこと、残されたもの
まだ終わっていない、ジェイムズ・ヒルマンとの共同作業 | 073

> One thing made of another. One thing used as another.
>
> Something to be folded or bent or stretched.
>
> Think of the edge of the city or the traffic there.
>
> Some clear souvenir...
>
> Lead section? Bronze junk? Glove? Glass? Ruler? Brush?
>
> -Jasper Johns
> *sketchbook notes, 1965*

何かを素材として別のものができる。ものが他の用途に使われる。折りたたまれるものもあれば、曲げられたり、延ばされたりするものもある。
都市のはずれ、そこの交通を思いなさい。
土産物にうってつけなものたち…
鉛の部品？　ブロンズのがらくた？　手袋？　メガネ？　物差し？　絵筆？
　　　　　——ジャスパー・ジョーンズ、スケッチブックのノート　1965年

　マルゴット・マクリーン：卵の殻、ヨーグルト容器、キャットフードの缶、トイレットペーパーの芯、ペーパータオルの芯、コード・ブルーの缶（ジェイムズはこの電解質ドリンクをブルー・ベルベットと改名した）、出前の器、贈り物の郵送に使われたボール箱、Eメールをプリントアウトした用紙。［編注：これらは氏のオブジェ作品の素材となったものである。］
　ギプス包帯で包むことが重要になった。白の毛布。「君がぼくの周囲のものを包めたらいいのにね。」ジェイムズは、癌が破壊しつつあった骨盤を指して言った。

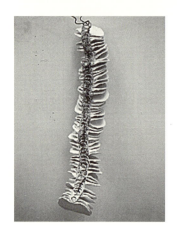

降りていく途中で
その花が見えた
見えなかったんだ
登るときには。
　　　　——高銀（コ・ウン　韓国の詩人）

　マーマー・ブレイクスリー：ジョージア・オキーフが言った。「花を見る人など誰もいない。本当に。あんまり小さいから。時間がないから。そして、花を見るには、友達をつくるときのように、時間がかかるのだ。」

　私たちは忙しい。走り回っては、リストアップした仕事を片付ける。けれども突然怪我をしたり病気をして、カウチやベッドに寝そべり、何週間も何ヶ月も、同じ地点に居続けることになる。ジェイムズはこう言った。「あの鳥があそこにとまっている。ぼくは毎日何時間も、あれを見ている。」

二頭の虎　そして　続くこと、去りゆくこと、残されたもの
まだ終わっていない、ジェイムズ・ヒルマンとの共同作業

『…我々はこれがどこに向かっているのか、知ってはいないという感覚。
ぼくはこう思う。我々は素晴らしくことをなしとげてきたが、
暗闇にも名前が必要だ。
自分ではどうしようもできないという、この感覚を時々味わう必要がある。』
　　　　　　　　　　　　　　　　　　　　——ジェイムズの言葉

*　　*　　*

『自分がいま死のうとしているのだと告げられたら、これまでどんなにそ
のことを考え抜いてきたとしても、自分のこころにはショックなのだ。』
　　　　　　　　　　　　　　　　　　　　——ジェイムズの言葉

*　　*　　*

ヒルマンの庭にある名も知らぬ大木へ
（樋口和彦からの手紙）

　やあ、ご機嫌はいかが？
　まだ真っ直ぐ立ってるかい？　あなたのことは知っている。去年の夏、見たからね。
　ぼくは今年の夏、日本の友人をたくさん連れて、君に会いに行きたかったんだ。
　でも、行けなくてとても残念だ。君もそうだろう？

　君は動けないし、しゃべれないのはわかっている。でも、ぼくの声は聞こえるはずだよね。
　君の身体はどうですか。大きな大きな穴が空いていたでしょう。ほんの皮一枚だけになって、それでも立っていたね。

　身体に大きな穴があいていて、それでもお元気ですか？

　ぼくは君のことを、君のそばで椅子に座って本を読んだり、深く考えたりしていた、君の友達のように、よく知っている。
　彼は、君といっしょに楽しみ、風の音を聴いていた。この世界からの音を聴いていた。

　彼は9.11や3.11、世界の一大変化をもたらしたあの

出来事の後、どうなるかと心配していた。
　おそらく、君は、いま何が起きているのか知っているのだろうね。君は私たちの「魂」について深く考えているのだから。

　もし君に力があるなら、ジム先生の助けになってほしい。
　暑い日も寒い日も、傷む時も、自由がきかない時も、どうか彼の助けになってほしいんです。
　ぼくもトンプソンに行けたらと願うんです。
　でも、今は、彼やマルゴットのために祈ります。お二人と君と一緒に過ごした日々を思い出しながら。
　君のことを覚えているので、どうか彼を見守り、大きな癒やしを与えてくれるように、お願いするのです。

　こんなに力強くて、威厳のある木は、これまでの人生で見たことがなかったのです。
　ぼくは君を見てすごく感動しました。こんなに強く頑丈なまま、長い年月を生きてきたことに。
　彼が必要とするとき、君の精神をいくらか、分け与えてはくれませんか？
　君のことは決して忘れません。どうか、もっともっと、長生きして下さい。

　どうもありがとう。　東の虎より。
　　　　　　　　＊　＊　＊

ヒルマンのオレンジ色の帽子からの言葉

あなたは、私がここに一日中座っているのは簡単だと思うでしょうね
あなたの頭の上に。
でも、これは普通の頭じゃないし
あなたは帽子の身ではないので、
私の義務のことなんて、ご存じないんです。

第一に、私はじっとしていなきゃあいけませんし、
自分の領分に留まるよう、注意深く寝ています。
私のことは気に留めてもらってないでしょう。ほんのりした暖かさを。
なくなって初めて、あなたにも有り難みが分かるんでしょうけど。

それから、もちろん、私は保護役を務めます。

でも、誤解しないで下さいね、
べつに私の土地の価値を宣伝しよ
うなんて気はないんです。
目立たぬ存在でいいんです。
でも、英雄ではない私も、
毎日、たくさんの危機一髪の思い
をしているんですよ。
彼が部屋から部屋へ移動するとき、
あるいは床にかがみ込むときに。
ランプの支柱や、熱いストーブや、
テーブルの脚が迫ってくると、め
まいがします。

ほんのちょっとの間ですが、
クッションが後ろに来るのを感じる時もあります。

けれども時には、確かに、
気楽な日もあります。
朝、彼が机に座っている時とか。
おお、熱が上がってくること、
彼の脳の前頭部から。
そして、私はひんやりした地点まで下がって、
何が来るのか、待つのです。

何千もの存在が、ゆるやかに解き放たれて
(何と呼べばよいでしょう、花でしょうか？)
次々と瞬時に、芽吹き、花咲きます。
とげとげした、サボテンみたいなのとか、
暗く、美しい赤のとか、
ほとんど黒に近い紫のとか、
春の鮮やかな緑のさえあります。

まさにその時です。この、奇妙で微妙なカーブを描いているものが、
こんな愛に満たされていると感じ、
目の前に、一輪、また一輪と、
花が指先まで落ちてきて、
いくつもの影が、紙面に現れるのは。

———マーマー・ブレイクスリー

* 　* 　*

去りゆくこと

「一人きりで死ぬのではない。死は協力しておこなう行為だ。」
　　　　　　　　　　　　　　——ジェイムズ・ヒルマン

＊　＊　＊

観る人

私は木々に嵐を観る、
寒さのゆるんだ昼間の方から
不安げな私の窓を打ってくる。
私は遠くに物の声音(こわね)を聞く、
友なしには耐えられないような、
姉妹なしには愛しめないような…。
(中略)
私たちの取り組むものはなんと小さいことだろう、
私たちに取り組んでくるもの、なんと大きいことだろう！
私たちがもっと事物に似て、
大きな嵐のなすがままに任せるなら、
私たちはひろびろと、名もないものになるだろうに。
(中略)
それはあの旧約聖書の人と取り組む天使の姿。
(中略)
この天使に打ち負かされる者、
時として争いをすら放棄する者、
その者こそ正しいものとして、すっくと、
丈高く、あの造形者の手のように
しっかりと彼にまとわりつく冷厳の手から出て行く。
勝ちは彼を招くものではない。
彼の成長とは、絶えず大きくなりまさる者によって、
いくども打ち負かされる者であること。
　　　　　　――ライナー・マリア・リルケ（英訳　ロバート・ブライ）
　　　　［高安国世（訳）リルケ詩集　岩波文庫　pp.54-56　一部字句改変］
　　　　　　　　＊　＊　＊

『そう、無垢のパイン材の箱がいい。』──ジェイムズの言葉
　　　　　　　＊　＊　＊

西キャッツキルスの丘で育った
東洋の白いパイン
切り倒され、木挽きされた、
パウリコウスキの製材所で。
１インチ厚×12インチ幅にカットされ、
室内に積まれ、
乾燥台に置かれた。
８月の雲ひとつない昼間
（雨など降りそうにない）
エリックは８フィートの板を
65年型のシボレー・ピックアップで自宅に運び
ガレージに収めた。

その日が来ると、板をスバルに積み込み、
フロントシートの間に押し込んだ、
ダッシュボードまで一杯に。
そして、コネチカット、トンプソンまで運転した。
積み荷の板を話題にしても平気になっていたけど、
高速道路の途中で、
私はエリックを見つめて、こう言った。

「私たちが何を運んでるのか、
いま、わかったわ。」
──マーマー・ブレイクスリー

二頭の虎　そして　続くこと、去りゆくこと、残されたもの
まだ終わっていない、ジェイムズ・ヒルマンとの共同作業

*　*　*

親愛なる友人のみなさん、

本当の違いはないようです…。私たちは真ん中の道を辿っていて、上昇も下降もないのです。そして私は、上昇は反対のものを布置する傾向があるのだ、とますます確信するようになっています。なので、昔の意味での回復を願う前に、もう一度考えなおしてみるべきなのです。これがいま起きていることだし、イマジネーションがいわゆる未来に向けて願っているようなものではないのだと。私は死につつあるのですが、それでも実際には、これまでできなかったほど、生きることに深く関われています。一つ学びつつあることは、いわゆる生と死との間に境界線を引くことがいかに不可能であるかです。

——ジェイムズ

*　*　*

ジェイムズ・ヒルマン（ビデオ録画）：

イェイツの詩、ひとつ見ていいかな。
以前、君に読んであげたことがあったね。
そう、世界中で一番有名な二つの詩だ。

「老いぼれというものはけちなものだ、
棒切れに引っかけたぼろ上衣そっくりだ、
もしも魂が手を叩いて歌うのでなければ、
肉の衣が裂けるたびになお声高く歌うのでなければ。
それに、魂の壮麗を記念する碑を学ぶほかに
歌の学校などあるはずもない。
だから、私は海を渡って、
聖なる都ビザンチウムにやって来た。」
　　　［「ビザンチウムへの船出」高松雄一（編）対訳 イェイツ詩集　岩波文庫　pp.164-165］

ごらん、かれは実に哲学的だよね。ビザンチウムに行くのは、まるでぼくたちのラヴェンナへの旅みたいだね。帰って行く…。
そして、このもう一篇の詩はどうかな、…この本の２つ目の詩から。

「この馬鹿ばかしさをどう始末したらいいのか──
ああ、心よ、ああ、悩み惑う心よ、──このカリカチュア、
犬の尻尾に繋ぐように、わが身に結わえつけられた
この老耄を？
いまほど想像力が
興奮におののき、情熱に溢れ、奇異を求めたことは
ない。これほど耳や目が
あり得ないことが生じるのを待ったことはない──
そうだ、少年時代にも、こんな思いなどしたことなどありはしない…」
　　　　　　　　　　　　　　［「塔」同書 pp.168-169　一部字句改変］

こうして、彼は自分の生に戻って来る。

「これほど耳や目が
あり得ないことが生じるのを待ったことはない。」

すごく美しい。
そうして彼は、どんどん過去へ記憶を遡っていく。
(太字はヒルマンの言葉)

＊　＊　＊

一日

一日、また一日。
完璧だ。
すべてがぴったり合っている。

──ロバート・クリーリー

＊　＊　＊

> I don't want to die in my sleep.
> All this talk about dying peacefully.
> I might want to go out yelling *Shit! Shit!*
>　　　　　　　　　　　　　　　-James

『寝ている間に死にたくはない。
死に行くことをこんなに平和に語っているなんて。
外に飛び出して、叫んでもよさそうなのに。くそおっ！　くそおっ！と。』
　　　　　　　　　　　　　　　——ジェイムズの言葉

ジェイムズが言った。
『これまでずっと、こんなプランがあった。心の中でカレンダーを見たとき、6月、7月はあったけど、9月はぼやけていた。9月より後は、何も見えない。何度見直してみても、カレンダーには何もないんだ。ぼくはこれに、ずっと意味を感じている。過酷な意味だけど。

そこから、ぼくが導き出したいのは、どれほど以前から、こころは知っていたのか、ということだ。こころはなぜか、全てを知っているんだ。』
　　　　　　　　　　　＊　　＊　　＊

長い舟

彼の舟のもやいが解かれたとき
係留地の上には
カモメがキィキィ鳴いていた
彼は初め、手を振ろうとした
岸辺にいる愛する人に
でもゆらゆら漂う霧のなかでは
もうとっくに顔も見えなくなっていた。
彼はまた、どっちか試みようともした
飛び跳ねるか、声で呼んでみようか、そのどちらかを
そうすると、どこか解放感や自由が味わえた
重荷から解放され、モットーからも解放されたのだ
自分の名札にスタンプされた、
良心とか、野心とか、その他もろもろの
人の世話をするためのモットーから。
こうして寝転がっていると満足だった
家族の幻影（ghost）と一緒にいるだけで
ゆりかごに貯まった水のなかで
嵐に揉まれて
どこまでも流されていくなかで。
平和だ！　平和だ！
無限の揺り椅子に揺られて！
まるで、どうでもいいみたいだ
家がどっち方角にあろうが
まるで、知らないみたいだった
自分がどれほど大地を愛しているのかも
いつまでもここにいたいと思っていることも
　　　　　　　　　　　——スタンリー・クニッツ

*　*　*

残されたもの

「レフト」は「リーヴ」の過去分詞で、二つの違う使い方がある。「ハズ・レフト」と「イズ・レフト」だ。前者は「ここに居ない、去った」であり、後者は「なおここにあり、残っている」意味だ。去ってなお、留まることができるのだろうか？

——ジェイムズ・ヒルマン

[鏡リュウジ（訳）老いることでわかる性格の力　河出書房新社　p.218に相当。シンポジウムのために改訳]

* * *

二頭の虎　そして　続くこと、去りゆくこと、残されたもの
まだ終わっていない、ジェイムズ・ヒルマンとの共同作業

　エスキモーでは、誰かが病気になると、新しい名前を付ける。新しい、病んだ人格ということで。病から回復するためには、死ぬことで、まさに文字通りそれを「回復（克服）」しなくてはならない。癒やしへの唯一の希望は死の中にある。健康には死が必要なのだ。

　おそらくこれこそ、ソクラテスが、アスクレピオスに生け贄の鶏を捧げよ、と死の前の曖昧な言葉で言おうとしたことなのだ。毎日の明け方に、望むらくは鳴き声を上げてくれる、あの生命の鶏的プライドが犠牲に供されるやいなや、明日への衝動が用意されるのだ。すると、死は癒やしであり、救済であって、病気にとってのただの最期で最悪の段階などではないことになる。明け方の鶏の鳴き声は、光の復活を告知するものでもある。しかし、これらに対する野望が祭壇の上に放置されたときに初めて、病いに対する勝利と新しい一日が始まるのだ。死の経験が癒やしてくれる病いとは、生きたいという熱情なのだ。

——ジェイムズ・ヒルマン

［樋口和彦・武田憲道（訳）自殺と魂　創元社　pp.179-180　一部改訳］

＊　＊　＊

あなたの死からひと月たって

早朝の暗闇で、眠れなくて
一段一段、用心して
足を降ろす。

老犬の長い息が
吸って、吐いて。
ともだちの動物。

ここにあるのは、
床、暖炉、テーブル、
花。

そして、あなたの最期の息が
私の肺を開き──
一言、また一言、出てくる

二つ。いつも二つなのだ──
目に見えない素材
私がそのために生きているものは。

あなたの鶏がもう一度鳴く
私たちには見えていないものが
大事なのだ。

　　　　　　　　　　　──マーマー・ブレイクスリー

＊　＊　＊

二頭の虎　そして　続くこと、去りゆくこと、残されたもの
まだ終わっていない、ジェイムズ・ヒルマンとの共同作業 | 091

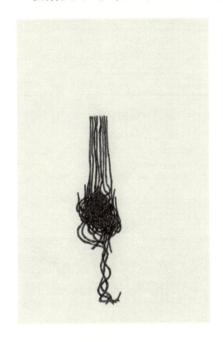

　我々は痕跡として跡を残す。それは我々のまさにこの薄さのなかに存続していくものとして。まるで中国のシルクスクリーンに刻まれたほとんど目に見えない描線、顔料と墨の極薄の層の重なりのように。それでもこれらは、顔の本質的な奥深さを描き出すことができる。ちっぽけなメロディーほどしか存続しないし、不協和音のユニークな構成なのに、我々が去ってからも長いあいだ響いていく。これが、我々の美的現実の薄さであり、あとに残り、存続していく、老人の、実に愛すべきイメージなのである。
　　　　　　──ジェイムズ・ヒルマン『老いることでわかる性格の力』
［鏡リュウジ（訳）老いることでわかる性格の力　河出書房新社　pp.271-272に相当。シンポジウムのために改訳］

＊　＊　＊

墓所にて

私たちがシャベルを放り出すと
彼女は土を足で踏み固めた
空気が残らず抜けて、空気が無くなってしまうまで
そして、地面が元通りに慣らされるまで。

庭師はその理由を知っていた。

————マーマー・ブレイクスリー

鐘消えて
花の香は撞く
夕哉(ゆふべ)

————芭蕉

　　　　　＊　＊　＊

二頭の虎　そして　続くこと、去りゆくこと、残されたもの
まだ終わっていない、ジェイムズ・ヒルマンとの共同作業 | 093

七月の澄んだ青空の朝、
樋口先生はジェイムズのために、
日本の楓を選ばれました。
「背が高すぎるのはよくない」と
仰いました。
「植えてから、自分の高さに育っ
ていける余地を残しとくんです。」
そして、私たちは選んだ木を植え
るため、植木屋から持ち帰りまし
た。

午後になって、先生が場所を決め
て、地面をほじくりました。
数フィート左に、数フィート右に。
穴を掘るために。
みんなで順番に掘りました。
すると、シャベルの先が何かにコ
ツンと当たった感触がしました。
土の中に何かあります。
ちょっと手を止めて、それからゆ
っくりと、注意深く掘り出すと、
それは、ガラスのかけらでした。
何かビンの底の丸いところです。
でも、そこには、ユダヤの六芒星
が記されていました。
　　　＊　＊　＊
美は死に独自の価値を与える。

　　　　　　　　——ジェイムズ・ヒルマン

　　　　＊　＊　＊

ジェイムズ・ヒルマン（録音）：

「…君が今朝話していたこと、雪についての、あれは、ぼくにはとても興味深かった。確か、こんな始まりだったよね。——雪を見ていたところ、あるいは、雪が積もった土地を歩いて渡ったところで、きみは雪を上から見下ろしていた。そうして、下から見上げられている雪。地面が雪をどう見ているのかって。これは、とっても美しい考え方だよね。——地面はこの毛布を歓迎していて、雪は地面を暖かくしてくれている、というのが。」

　樋口先生は、コネチカット・トンプソンでの滞在中、お身体の不調を感じられました。このときは、ジェイムズを偲んで、お墓を訪ねるために来られていたのです。どこか具合が悪い感じがしたのだそうです。ほかのご友人が帰国された後で、先生はマルゴットにこう言われました。「これは医者に行かないといけませんな」と。先生はこれまでお医者にかかったことなどなかったのです。X線写真には、影が一つ映っていました。先生は医師を見つめて、こう尋ねられました。
　「それ、癌ですか？」

　　　　　　　　　＊　　＊　　＊

二頭の虎　そして　続くこと、去りゆくこと、残されたもの
まだ終わっていない、ジェイムズ・ヒルマンとの共同作業 | 095

ありがとう
樋口和彦
ジェイムズ・ヒルマン

ユング派分析家訓練の東と西
個人的経験を中心に

李　符　永
韓国ユング研究院院長

翻訳　禹　鍾　泰
京都文教大学

はじめに

　河合俊雄教授から分析家訓練について話してほしいとの要請を受けました。東西の文化的相違によって起こる問題も興味深いだろうと言われました。そこで、今日は皆さんに、私が経験したユング派分析家訓練について東西の文化の関連でお話ししようと思います。

　半世紀も前になる過去の私の経験が今の皆さんにとってどのような意味があるのかは正直よくわかりません。東洋と西洋はめまぐるしく変化しています。私も変わり、もう50年前のように西洋に接することはありません。また、東西の文化に対する体験様式は人それぞれ異なります。しかし、皆さんが私の話を歴史の中の一つの特殊な事例として聞きながら、自身の場合と比較していただけるのであれば、少しは助けになるのではないかと考えています。

　私は常に、訓練生たちに、自分がどのペルソナに同一視しているのかを知りたければ、現在住んでいる文化を離れ、ヨーロッパかアメリカで、そこの西洋人分析家に分析を受けてみるようにと勧めています。ユングもアフリカ旅行時に'ヨーロッパ人'としての自分をヨーロッパの外で見たい

と語ったことがあります。[注1]

1　東が西に出会う

　1962年3月5日、私はチューリッヒ・ユング研究所で勉強するためにスイスの地を踏みました。1960年代の初めに東洋の青年が分析家訓練を受けるために慣れない西洋の地に足を踏み入れることは、その当時はめったにありませんでした。それは、東西の出会い、東西文化間の熾烈な葛藤と克服の過程を意味していました。

　もちろん、'西洋'はすでに私の精神世界の中に深く入り込んでいました。私の一家は早くからキリスト教を受け入れた開化された一門で、祖先崇拝の祭礼であるジェサ（祭事）を久しく行っていませんでした。成長期には西洋式唄と芸術と思想が氾濫した時代を生き、東洋の伝統思想は古臭い旧時代の遺物としてほとんど見向きもしませんでした。私が東洋の古典に関心をもつようになったのは、チューリッヒのユング研究所で勉強していた頃でした。[注2] ヨーロッパとユングが私に東洋の伝統思想の重要性を認識させてくれたのです。

　当時、私にはアメリカかヨーロッパに行く二つの道が開かれていました。多くの同僚がアメリカに行き、ヨーロッパに行くことは考えていませんでしたが、私は最初からヨーロッパに行くことを考えていました。アメリカは文化も歴史も哲学もなく、外向的で技術だけが発達した金持ちの国に過ぎない、という偏見をもっていたのです。この偏見は、私が大学教授になり、頻繁にアメリカのいろいろな大学を訪問するようになって大分解消されました。しかし、アメリカはその国家形成の性質上、すべての民族を包容し、アメリカという大きな器の中に溶解させる太母のような特徴がある一方で、ヨーロッパは自分たちに固有の文化、芸術、伝統に自負をもっているだけに、異なる文化、伝統と歴史の個別性を認め、さほどヨーロッパ

文化への同化を強要しない傾向があると考えていました。今も、当時の私のその考えはある程度妥当ではなかったかと思っています。

　西洋思想や西洋の文学、芸術から得た西洋のイメージと実際の西洋社会における日常生活でぶつかった西洋と西洋人の姿はとても違っていました。ましてや、言語疎通がほぼできない孤立した条件におかれた極東アジアの青年の目に映った西洋の印象はとても特異なものでした。当時の私はドイツ語会話がまったくできず、3か月間、周囲には韓国語を交わす人がいませんでした。韓国の食料を入手することもまったく不可能でした。このような意思疎通と生物学的欲求の断絶の中で、スイスという窓口を通して眺めたヨーロッパとヨーロッパ人はさまざまな側面において東洋人と異なるとの印象を強く受けました。

2　内向的な東洋青年の目に映った西洋の印象

　ある異なる文化圏において初めて'発見'するその文化の'特性'は、事物の実情ではなく、その異邦人の無意識の投影である可能性があります。しかし、そうは言っても、長い間その文化の中に生きてきた時に、すなわちその文化と同一視した時にはよく見えない特異性を見いだす場合が多くあります。投影は投影に見合うきっかけを見つけて起こるからです。では、当時の印象を挙げてみます。

1．西洋人は外に表現されるものだけで判断する、という気がしました。目に見えない感情、表現されないこころ、潜在的能力を見ようとせず、文字と言葉を信奉するあまり、言葉のない意思疎通（非言語的疎通）を無視するか、はなから無視するような印象を受けました。
　　私がスイスで勉強を始めて1年が過ぎて、ある程度ドイツ語が通じるようになると、研究所の先生たちはみんな驚きました。実際、私は高校

時代にドイツ語の勉強を始めて、ドイツ語の小説も辞書を引きながら読める程度でしたから、ドイツ語の講義も半分程度は解ると感じていました。ところが、彼らは、私が言葉を話せないから何もわからないと考えたようでした。

2．西洋人には‘はい’と‘いいえ’を明確に話さなければなりません。反面、東洋人は‘そうですね’と答えます。

3．‘お元気ですか（Wie geht es Ihnen?）’という日常挨拶に対しては、常に‘いいです（gut）’と答えなければなりません。当時の韓国社会のように、‘まあまあです（so so la la または so ziemlich）’と言えば、驚いて何かあったのかと訊かれます。

4．権利に対して強い意識をもっています。正しい、正しくないがはっきりしています。ドイツ語でしばしば聞いたのは‘Du hast Recht（あなたが正しい！）’でした。

5．法が人間の人格より上にあるような感じでした。例えば、ある日一人の日本人教授と大学近くの横断歩道で信号が赤から青に変わるのを待っていました。いくら待っても信号が変わらないし、道路に車も見えなかったので、そのまま渡ることにしました。数歩歩きだした時、向こうからオートバイが一台全速力で走ってきて、その日本人教授とぶつかりました。幸いにもオートバイは彼の片足にぶつかったところで急停止しました。中年のオートバイ運転者は赤信号を指さしながら大声で叫んで走り去り、我々は委縮したまま宿舎に戻りました。日本人教授は足に2センチくらいの深い傷を負っていました。その教授は"私の国であれば、運転者が歩行者にどこか怪我はないかと訊いたはずだけど"と言いました。西洋人、特にドイツ系ヨーロッパ人には法が神格のようです。しかし東洋では、人間が、それも権威者が神格です。だから、韓国では法を守る人より‘法がなくても生きていける人’をより高く評価します。交通法規を遵守したかどうかよりも、人がどの程度怪我をしたかのほうがより大事です。もちろん、今は大分変わっていますが。

6．‘私’と‘あなた’の明らかな対峙：相手の名前を正確に言わなければなりません。韓国人は相手の名前を呼ばないか、ペルソナ（Dr.、社

長、院長などの職位、誰それの母親、父親）の呼称で呼びます。私とあなたの個人的関係より社会的関係が重視され、権威者に対する魔術的恐れがあります。
7．私はドイツの大学病院で権威者コンプレックスを感じましたが、スイスでは権威者あるいは権威に対する畏敬で包装されたコンプレックスが少ないのではないかと感じました。権威者に言いたいことを全部言っても、'率直でよい'という反応をします。
8．老人の独立心：労わりをかえって拒否する姿勢が目立って見えました。東洋の長幼有序と対照的でした。研究所に足を引きずる老教授がいました。ある日、彼が講義のために研究所の3階の階段を苦労してのぼるのを見て、上にいた私は反射的に降りて行って支えようとしたところ、怒りながら拒否されたので気まずかったことがありました。
9．女性優遇：老人がむしろ電車の中で女性に席を譲る騎士道精神を発揮していました。女性が講義をし、女性にコートを着せてあげ、女性を優遇する風習、時には女性の手の甲にキスをするドイツ人教授が最初は滑稽に見えましたが、時間の経過とともに、私自身も迷いなくそうするようになりました。
10．経済的平等と金持ちのケチ：Dutch pay（割り勘）は今の韓国ではかなり普及しましたが、1960年代の私には慣れないことでした。研究所の講義の後、誰ともなしにお茶に行き、支払いの時に各自が財布を取り出すのを見てびっくりしました。お金をもたずに行っていたら恥をかくところでした。当時の韓国であれば、誰か一人が一括で支払っていたでしょう。

以上に挙げたいくつかの西洋人と東洋人の違いは、一言で言えば、'分別主義'対'包括主義'、'個人至上主義'対'混合主義（syncretism）'に要約できるのではないかと思います。また、極端に内向的であった当時の私の目には、西洋人みんなが外向的に見え、それは私の無意識の劣等な外向的態度が投影されたためでもあったと思います。

3　東西の文化適応過程

　私は1962年3月からチューリッヒ・ユング研究所で勉強を始め、1966年3月にディプロマ（分析家資格：Diploma）を取得しました。その後も2年間スイスに留まり、州立精神病院とクロイツリンゲンにあるビンスワンガー家のサナトリウム・ベルビュー（Sanatorium Bellevue）に勤務し、1968年5月の一時帰国の際に、ソウルに残るようになりました。長い休みの間はスイスだけではなく、ドイツの大学病院でも働きました。私は結婚しないままスイスに行き、帰国時まで一人で過ごしました。私には西洋文化の中で避難できる文化的避難所、またはオアシスがありませんでした。東西の出会いを文化的緩衝壁なしで経験する条件下にいたのです。その間の私のヨーロッパ文化への適応過程はいくつかの段階に分けることができ、その段階を何回もくり返しながら東と西の全体像を把握することができた気がします。次の4段階に分けて考えてみました。

⑴　**断絶と混沌、及び影の投影段階**：言語的疎通の断絶、韓国文化からの断絶、社会的孤立状態。不確実性、孤独、不安、慣れないものへの恐怖、適応できない西洋文化を見下し、自文化を高く見ようとする傾向、スイス人はケチ、機械的、閉鎖的、冷淡、ダサいなど、奔放な影の投影。東西の違いに対する行き過ぎた協調、若干の被害意識、誤解、夢で'戦争'などの葛藤のモチーフをみる。

⑵　**探索期**：基本的な言語的疎通が可能になる。不確実性と影への投影が減り、新しく発見した西洋文化に対する関心をもち始める、個人の自由、開放性、積極性、自由な感情表現、合理性、知的明澄性が西洋人の肯定的要素として認識される、アニマ投影対象がヨーロッパに移動し始めるとき。

⑶　**西洋文化との極端な同一視の時期**：言語的疎通がある程度可能になる。西洋の肯定的側面をより多く発見し、これに魅惑され、これとの同一

視が高まる。ヨーロッパが私の確かな肯定的アニマ像となる。反面、自文化に対する恥じらいと劣等感、特に母性依存と非合理性に対して（意識が西洋に同一視すればするほど、夢には'貧しい見捨てられた故郷の藁葺き屋根'のイメージが出現する）。

(4) **投影と同一視が解消または緩和される時期**：コミュニケーションが円滑になる、西洋の否定的側面も見られるようになり、東洋文化の肯定的側面を発見し、これを懐かしむ、ヨーロッパと東洋が共有する象徴を通してこれを埋めようとする、他のどれにも代えられない韓国固有の情緒と Korea 元型を見つける、真の意味でのノスタルジア。

ヨーロッパと東洋の全体像をありのままに受け入れることができるまでには、以上の4段階が何度もくり返されるように思いました。

4 分析家訓練を通した東・西の出会い

1．F・リクリン博士との作業

最初の分析家であるリクリン博士（Franz Riklin）との分析は、私の不十分なドイツ語や、彼と私の心理学的類型の違いなどの、文化とは関係のない要因により、最初はうまく進みませんでした。リクリンは本来直観的で温かい内向的な人でしたが、私が彼を初めて見たときは武骨な外向的な人に見えました。それに、彼は夢を聞きながらしばしば大きな声を出すので、私はびっくりさせられました。彼は禅仏教が好きで、禅師のように喝を入れたのですが、極度に内向的で感覚的思考型の私は敏感に反応してしまい、それは逆効果でした。当時は二つの疑問が起こりました。

(1) 彼との夢分析において私がすでに分かっていることを聞くのであれば、本当に無意識は存在するのだろうか？　彼らはなぜ意識と無意識を分

けるのか？
(2) 無意識で起こったことはなぜすべて実行に移さなければならないのか？

　一つ目の疑問は、私の不自由なドイツ語力のために、リクリンも言いたいことを全部言えず、私も知っている簡単な言葉しか聞き取れなかったためだろう、ということで解決されました。
　二つ目の疑問は少し違っていました。例えば、夢の中で私は絵を描くことがありましたが、リクリンはそれを聞いて、目が醒めた現実においても絵を描くように要求しました。私が思うに、夢の中で私が絵を描いたなら、私はもう絵を描いたことになるのです。夢の中の行為も現実ですから、私はすでにその現実を経験したことになるのです。私はそう思っていました。それを覚醒時の現実においてくり返すことは、人為的な外向化、外向的西欧人の無意識の模倣であって、その価値を外的行為に還元することだと感じました。そこで、私は彼の言うことを聞きませんでした。三回目に夢の中で絵を描いたとき、そして私がそれを実行しなかったとき、彼は怒りました。絵を描かないなら分析に来るなと言われました。そこで、私は絵具を買って、自分の宿所で遠くに見えるチューリッヒ湖とその周辺を半抽象的に描きました。そして、彼がどう解釈するかを想像しながら分析に持って行きました。彼はその絵を受け取って嘆声をあげました。"あ、四方に光が差していますね！" "実際描いてみてどうでしたか？"。私は事実を言いました。実際に描いてみると、想像とは違って、とても満足したと。それは単なる無意識の反復でもなければ模倣でもありませんでした。
　リクリンは、'なぜあなたたちは意識と無意識を分けるのか'という私の質問に対して、こういうことであると説明してくれましたが、当時はすぐには分かりませんでした。しかし、後に彼は、この質問が大きな印象を与えてくれたと話してくれました。
　分析初期のことですが、私が夢の中であまりにも戦争や戦闘場面に遭遇するのを見て、私が３か月間韓国語を一言も話す相手がおらず、韓国食を食べる機会がなかったことを知って、彼は、スイス内に韓国人がいないか

どうか調べて、私に訪ねてみるように勧めてくれました。私は別に行かなくてもいいと答えましたが、彼の配慮を受け入れることにしました。そこはチューリッヒから汽車で行く小さな田舎の修道院でしたが、リクリンはそこに韓国のシスターたちがいることを調べて、すでに連絡を入れておいてくれたのです。若くて闊達な韓国人シスターたちと母国語で話をし、彼女たちが作ってくれた韓国料理を分け合ったひと時の体験は、美しくも気楽なものでした。

　リクリン博士は真の客体精神からの無意識の存在に気づき、心魂の導きを誠実に実行した分析家の一人でした。彼は多くの著述を残してはいませんが、彼の文章と語りは常に創意的な考えと論評で満ちていました。彼はチューリッヒ・ユング研究所をユングの基本精神にしたがって運営しようと努力した人でもありました。

2．日本人同僚たちと

　1962年3月か4月、チューリッヒ・ユング研究所で、新入研究員の歓迎レセプションがありました。新入研究員はそんなに多くなかったと記憶しています。ユング研究所の3階でした。私はそこで着物を綺麗に着こなし、可愛い少年を連れた日本人に出会いました。彼が河合隼雄先生で、その可愛い少年が今ここにいる俊雄でした。河合氏はアメリカで長く分析を受けてからスイスに来たので、私より1年半ほど早く研究所を卒業して帰国し、日本にユング心理学を伝えました。その後、秋山さと子氏、樋口和彦氏、目幸黙僊氏たちが続いてユング研究所に入ってきました。私は日本語が話せたので、しばしば一緒に話をしながら仲良くさせていただきました。我々は分析に関して話しながら、西洋人は明らかに東洋人とは違う、といった話をよくしました。私がリクリンにそのことを話したところ、彼は怒りながら言いました。"何が違うのですか？　あなたも我々のように目が二つ、鼻が一つ、口が一つ、耳が二つあるじゃないか、何が違うというのですか？"私はそれ以来、東西の違いについて、彼には話しませんでした。

3．西洋の鏡に映った私の姿

　西洋に行くまで、私は、自分が流行に迎合しない、個性的で、伝統と因習に縛られない、独立した個体であると自負していました。しかし、西洋文化の中で暮らし、分析を受けながら、自分がいかに集団的価値観に縛られているかが分かり、少なからず驚きました。自分が個性的な判断だと思っていたことの相当部分が、自分を囲む東洋的、韓国的伝統、韓国社会の集団的価値観、特に儒教文化の価値観であることが分かるようになりました。権威者への畏敬、老人孝敬、謙譲之徳、大きくて有名なものへの評価、'学問的なもの'への崇拝、見せない美学など、どれ一つとっても私個人の固有の価値観ではありませんでした。

　フォン・フランツが研究所評議会にディプロマ試験候補者として私を推薦しながら、"この人は内向そのものである"と言ったのを聞いたことがあります。それほど私の本性は極度に内向的でしたが、頭ではとても外向的判断と思考をしていたのです。この事実を、私は西洋に行って、チューリッヒの研究所で学びながら初めて発見しました。

　研究所の建物があまりにも小さく、大学でもなく、'教授'もおらず、研究生も少なく、有名でもないので失望したことと、そのために大学講義とセミナー、特にローランド・クーン（Roland Kuhn）やメダルト・ボス（Medard Boss）などの実存主義学派のセミナーを聴講しながら、彼らの知的解釈に興味を抱いたことなどもその一例だったと思います。我々が断絶したと思い込んでいた儒教的価値観を、私はそのまま身につけていたのです。

　この経験を通して、私は伝統文化の力がいかに強烈で、文化的ペルソナとの同一視を無視できないかということを認識しました。人は自文化の中に生きる限り、自分がどのようなペルソナを有しているのかを認識できないことに気づきました。そこで、前述のように自分のペルソナを見るためには、まったく異なる文化圏に移って、そこから自分自身を見つめる練習が必要であると考えたのです。

4．M・L・フォン・フランツの教育分析

　予備課程修了試験を通過し、資格候補生課程に入ってから、私はM・L・フォン・フランツ（Marie Louise von Franz）を二番目の教育分析家に決めました。彼女は通常長い休みをとっていて、最初に分析を申請してから一学期ほど待たなければなりませんでしたが、そのために研究所の修了が遅れてもいいと思いました。彼女の講義を聞いてからは、他の選択肢は考えませんでした。

　フォン・フランツとの分析は円滑に進みました。彼女は理論と実際を絶妙に調和させることができる優れた教育者でした。彼女の解釈によって理論はすぐさま実際に溶け込みました。彼女の夢分析は活きた洞察を私にもたらしてくれるようでした。今頃私は初めて無意識がまさに私の中に生きている実態であることを悟りました。それまでの無意識は、頭で考え、想像し、絞り出した概念であったと思います。

　フォン・フランツは、私自身の夢を理解できるように、時々彼女自身の経験と夢を例に挙げ、説明しました。時にはユングとのエピソードも聞かせてもらいました。いつのことだったか、私の夢の中に、彼女に対する肯定的な転移を暗示する場面がありました。私が彼女に花束をあげる夢でした。しばらくしてから、彼女の55歳の誕生日パーティが、研究所主催でリマトケイのある組合レストランで開かれました。リクリンが開会の言葉を述べ、フィールツ（H. K. Fierz）がユーモラスな祝辞を述べた後に、みんなでカクテルを飲んでいるとき、離れたところからフォン・フランツが片隅で恐縮して立っている私のところに歩いてきて、テーブルの上にある赤いバラの花を一束とって、私に渡してくれたのです。私はとっさにそれを受け取り、まわりの人々は歓声をあげましたが、私自身はしばらくわけが分かりませんでした。彼女はニコッと笑って立ち去りました。これは転移の夢に対する答えだったのです。当時彼女は、私との関係について易に聞いたと言っていたことがあります。"どんな答えが出たか、分かりますか？'泰（平和、11番）'です"。彼女が微笑みました。

　もう一つ思い出したことがあります。夢の中で私は、韓国の田舎の祭行列の先頭に立って、車輪廻しの輪っかを廻していました。白い朝鮮着物を

着た人々が、勢いよく歩いていました。その輪っかは黒い鉄製のものでしたが、そこには牡羊が白い線で陰刻されていました。その夢の話をした後、クリスマスが近づいた頃、フォン・フランツは、私にあるものを準備していると言いました。とうとうプレゼントが渡されましたが、それは、銀板に陽刻された牡羊でした。

　フォン・フランツは、分析家が無意識を意識化するために、どういう態度をもたなければならないのか、ユング心理学の真髄を、身をもって私に伝えてくれました。東洋の風習についてよく分からないと思ったときは、彼女はしばしばこういう話をしました。"おお、我々西洋人は、中国陶磁器の店に入って狼狽える象のようです"。彼女は外的態度からも東洋文化に合わせようと努力していました。

　私は、1966年3月に研究所を修了した後も、もう2年スイスで勤務したので、引き続きフォン・フランツに私の夢を持って行って議論し、帰国した後もヨーロッパに行くことがあればキュスナハトを訪ねて夢について議論しました。自己流に陥ることを避けるためでしたが、常に自分自身の夢を自分で分析することがいかに難しいかを実感しました。

　教育分析家から、私は二つのメッセージを受けとりました。リクリンは言いました。"私の課題は、アメリカ人をアメリカ人に、日本人を日本人に、韓国人を韓国人にすることです"。文化的伝統の違いを無視しないことには、ユングの精神が宿っています。フォン・フランツは言いました。"私がソウルの空港に降りて、あなたを見たとき、あなたが故国の紳士的で礼儀正しいペルソナに合わせていたなら、すぐに引き返して同じ飛行機で飛び立ちます！"分析家訓練を終えて、故国に帰った大半の分析家が、そのように集団精神に後退しやすいことを悟らせてくれたのです。

　私は東西文化のどのあたりにいるのか？　今も西洋に行けば、偶然に私が東洋のペルソナに同一視してきたことを発見します。

　1966年、アメリカのニューヨークユニオン神学院のアン・ウラノフ（Ann Ulanov）教授の推薦で、招聘教授としてしばらく奉仕したことがあります。大学新聞記者が私にインタビューをしながら、西洋文化の中で東洋人として感じる問題はないかと常套の質問をしました。"そういうのは

ない"と答えながら、心の中では"西洋のことはよく分かっているから"と考えていました。しばらくしてから助手が来てこう尋ねられました。"卒業式に参加しますか？""そうですね、参加しなければなりませんか？""あなたが望むなら（If you want）"。その瞬間、私は少し戸惑いました。それは、私がそれを望むのか望まないかなどということを考えたことがなかったからです。私は卒業式に出ても出なくてもどちらでもよかったのです。むしろ彼に、碩座(せきざ)教授は、通常卒業式に参加するのかしないのかを言ってくれたらいいのに、と恨めしくも思いました。結局参加することに決め、ガウンも借りて行進もしましたが、楽しかったです。このエピソードから、私は自分がいかに'普通'の立場、集団的秩序に'自分'を合わせる文化の中に生きてきたかを痛感しました。以来、韓国人の分析において、しばしば私がした経験と同じような経験を被分析者がしているのを見ることがあります。"その集まりに行かなければならないのですか？"と尋ねられたら、"あなたが望むなら"と答え、その自我の存在を呼び覚まします。

　問題は、私が東と西のどの文化に属するかより、私が私の中の文化伝統にどの程度盲目にしたがっているか、どの程度それを意識しているかにかかっています。個性化とは、意識した人間に可能なことです。ところが、東と西の違いは相手を刺激し、集団との同一視を打ち破ることに寄与します。

5．指導分析家ヤコービ博士とフィールツ博士

　私がこの二人を指導分析家に選んだのは彼らが'有名だった'からです。多分、私の劣等な外向的影の影響のためであったと思います。フィールツについては、彼が統合失調症の大家である点に惹かれました。彼は長年ビンスワンガー家のサナトリウム・ベルビューの上級医師として勤め、後にチューリッヒベルク・クリニック（Klinik am Zürichberg）の上級医師として治療共同体のモデルを運営していましたが、クリニックが開院した時に私はそこで一緒に働きました。

　ヨランデ・ヤコービ（Jolande Jacobi）は指導分析料を月末に直接受け取ることが常でした。そこで、私はいつも月末にはお金を白い封筒に入れて

分析の終わりにそれをそっと先生に渡しました。ヤコービ先生はそれを受け取って白い紙を剥がしてお金を数えては白い封筒を私に返しながら言いました。"これはあなたのものです！"その瞬間、いつも"お金は汚れている"と散々言い聞かされてきた伝統的な韓国人（あるいはアジア人）の'お金コンプレックス'が粉々に壊れました。彼女は私に'お金はお金に過ぎない'と教えてくれたのです。

　チューリッヒベルク・クリニックで働く時、私は一人の慢性統合失調症の患者を受けもち、薬物療法とともに精神療法を実施しました。その事例について、フィールツの指導を受けたいと思いました。私はその患者の支離滅裂な言葉を面談の後に詳細に書きました。支離滅裂な内容の中に患者が語ろうとしたことが象徴的に表現されているはずで、また、集合的無意識の元型像に交じって表れるはずだと期待したのです。私はその患者の語りを熱心にフィールツ博士の前で読んでいきました。フィールツは黙ってそれを聞いてから口を開きました。"李先生、その患者があなたから何かしら印象を受けたなら、それはあなたが彼の言葉を熱心に聞いて記述したためでしょうか？　それとも、あなたが話すときに右腕を上下に揺らしたからでしょうか？"私は意外な論評に若干失望しました。少しユーモラスな言葉でしたが、彼は笑いもしませんでした。しかし、その後に語った言葉は、私の人生で忘れられない教えとなりました。"患者に必要なことは、洗いざらい明らかにすること（durchleuchten）ではなく、洗いざらい温めること（durchwarmen）です"。

　フィールツ博士は、東洋人の'不明確さ'をとても嫌っていました。私の韓国人後輩の一人は彼と話すときに目を合わせないという理由でひどく怒られて、とても戸惑っていたことがあります。韓国の精神治療者たちも、患者がアイ・コンタクトをするかしないかでよく自我の委縮の程度をはかります。しかし、目をじっと見つめながら話し、自分の意見を一つひとつ話すのは、伝統的な儒教の行動規範に照らすと、目上の人に対する不敬で傲慢な態度なのです。そればかりか、東洋的伝統によると、感情はできるだけ抑制することが美徳と考えられます。何事も表現しなければ気が済まない西洋人が誤解しやすいところです。

6．1960年代のチューリッヒ・ユング研究所の教育：講義と論文

　講義は豊富な内容で埋められていました。神話学のケレーニイ（K. Kerenyi）、バーゼル大学のディエッチ（H. Dietschy）人類学教授、エジプト学者ヤコブソン（H. Jakobsohn）、そして何よりM・L・フォン・フランツの英語の講義には特に多くの人々が集まり、時には申請者が多すぎて近くの教会に講義場所を移すこともありました。

　ディプロマ試験のためには二つの民話解釈論文を提出しなければならず、その一つはフォン・フランツが主宰するセミナーで発表し、通過しなければなりませんでした。ディプロマ論文は教育分析家の承認を得てから提出しなければなりませんでした。試験の際に修了論文に関するディスカッションはありましたが、その場で論文が不合格になることはありませんでした。

　私が1962年から1966年に経験したユング研究所での教育は、今日の国際標準と比較すると、かなり自由でゆとりがあったと言えます。選抜委員会、教育評価委員会のようなものはなく、教育部長（Director of Studies。当時はジェイムズ・ヒルマン〔James Hillman〕）と所長が主席秘書とともに学士行政を担当し、すべての決定は評議会（Curatorium）においてなされる形態でした。教育分析家の意見は常に尊重されました。委員会が多いのが必ずしも公正なわけでもなく、論文審査も大学院の学位論文審査のようにすることが重要なわけでもなく、魂をいたわる温かい心と魂の行方を理解することがもっと大事だとする原則が生きていた時代の教育であったと思われます。

7．シャーマニズム論文と講義から

　1967年秋から1968年2月まで、私はチューリッヒ・ユング研究所で'Zur Psychologie des Schamanismus（シャーマニズムの心理学）'という題目の講義をしました。私の資格論文が韓国のシャーマニズムに関するものだったことがそのきっかけでした。シャーマニズム研究は、1961年にソウル大学大学院医学部修士論文から始まったことですが、私の儒教文化、西欧合理主義文化との同一視のために隠れてしまった韓民族のルーツ、精神的源

泉として、これについての研究と講義は、民族のルーツであり人類文明の元型的源流との貴重な出会いでした。リクリン所長とヤコブソンがともに一番前列に座り、私の講義を聞きました。最初の講義が終わると彼は言いました。"あなたの講義を聞いていると、目の前にとても綺麗な風景が広がりました。とても綺麗な風景が……"。

　ところが、私の資格論文のドイツ語をスイス人の友人が校正してくれた時、私が大事に思っていた個所の深い意味と暗喩がすべて具体的で客観的、論理的論法に解体されるのを見てびっくりしました。東洋人の私の考えがあまりにも抽象的で不明確だったのか、それとも思考タイプのその友人の類型のせいだったのか、それとも東西の長い学問的伝統の相違によるものなのか。後に、似たようなことを経験したことから考えると、価値評価の文化的相違ともっと関連したことではなかったかと思います。

8．サナトリウム・ベルビューにおいて

　サナトリウム・ベルビューは、治療共同体の理念のもと精神病患者の精神治療を行う、世界でも数少ない理想的なところで、私が帰国する前に勤務したところです。ルートヴィヒ・ビンスワンガー（Ludwig Binswanger）の影響を受け、現象学的観点から診療してきた彼の息子であるヴォルフガング・ビンスワンガー（Wolfgang Binswanger）が院長で、フロイト派とユング派、そして実存分析派の治療陣が仲良く働いていたところです。私はそこで多くを学び、体験しました。

　赴任して間もないころ、ヴォルフガング・ビンスワンガーに"韓国にも精神医学（psychiatry）がありますか？"と尋ねられました。私は内心、韓国はそんなに未開な国ではないと怒りながら"もちろんあります"と答えました。しかし、彼の質問の本当の意味は、韓国のように東洋の伝統思想を受け継いだ国に西洋の精神医学は必要なのか、という問いでした。

　私はそこで働く前に、インド、アフガニスタン、日本、韓国、ロシアなどさまざまな文化的背景をもつ被分析者を分析しました。インドや中東の母権文化と極東の儒教文化の違いが目につきました。ところが、サナトリウム・ベルビューの、世界各地から来た統合失調症患者たちは、集団意識

より無意識の元型的コンプレックスの攻撃に苦しんでいました。迫害者元型は東西を問わないものでした。キリスト教の悪魔のみならず、ラマ僧のような東洋の象徴が西洋人患者の妄想に登場し、ある患者の悪魔の絵は私がソウルで担当した患者が描いた悪魔同様、毛だらけの鳥の姿をしていました。遠い異国の神話イメージが否定的で破壊的な権力者として登場するのをしばしば目撃し、東洋人治療者としての私は時には西洋人被分析者たちに東西コンプレックスを刺激する存在でした。後に肯定的結果に導いた事例を私の著書に紹介し、精神治療における東西に関する文章も書きました。[注3]

5　韓国に戻り分析心理学を教えながら

　1968年5月、私は当時勤務していたサナトリウム・ベルビューから休暇を得て一時帰国しました。航空便の都合で途中、東京に立ち寄りました。6年半の完全な'隔離生活'の後に踏む東洋の地、東京で、私はすでにノスタルジアの対象を探し求めていました。夜にひっそりとした道端で提灯を灯している小さなおでん屋。それがいかに情緒を掻き立てるものだったか、それは西洋のどこからも見ることのできない親近感溢れる故郷の憩いの場、一つの元型的イメージでした。電車の中で居眠りしていて小銭を落として立ち上がって拾ってきてはまた居眠りする男を見て、大いに感動したことを記憶しています。常に意識して生きなければならない西洋がその間私に与えられなかったものを発見した感じがしました。

　帰国後しばらく、私はどうも欲がありませんでした。頼まれたところに行って講義をし、頼まれた人に分析をしました。若干肥大していたのでしょう。これからの進路については当然分析家として開業しなければならないと考えていました。ところが、周りの反対と要請、現実的状況などから、結局大学教授としての道を選びました。それが正しかったかどうかは分か

りません。河合隼雄先生も大学の職が見つかったので急いで学業を終えて帰国しました。韓日の第一世代の分析家たちは、いずれも大学教授です。ペルソナを重んじる東洋社会の特徴でしょうか。

　1969年1月1日にソウル大学医学部神経精神科専任講師の職に赴任して以来、大学病院中心のユング派分析と分析心理学教育を活発に行いました。ところが、韓国に帰ってきて韓国人の被分析者を分析しながら、私は初めて西洋で分析を受けた時に西洋人分析家が経験したであろう困惑を自国で感じていることに気づきました。今度は、私自身が西洋人分析家の立場にありました。私はその間ある程度西洋化されていたのです。そこで、韓国人の心性と行動が目につくようになりました。当時、被分析者の分析に臨む行為から、私は次のような特徴を発見しました。

1．韓国人被分析者の特徴──意識の問題（1968-1970）
　⑴分析家に対する魔術的期待
　⑵'私'と'あなた'の区別が不明確
　⑶黙って治療を中断する－永遠の時間の中の出会い－無限な依存性
　⑷'分析'と医学的治療の混同
　⑸意識の問題を言葉で表現せず、以心伝心の期待──当てっこ
　⑹民間精神病観、夢解釈の問題

　韓国人の意識は主客未分化、非合理的であり、分別性が無意識によって抑圧され、劣等な分別性は'科学至上主義'に投影され、したがって、韓国人はまず無意識に抑圧された分別性を意識化させなければならないのではないかと考えました。

　私はいくつかの事例を挙げて'韓国における分析'を1971年にロンドンで開かれた国際分析心理学会（テーマ：分析における成功と失敗）において発表しました。50年前と比べ、現在の韓国人はかなり変わってきて、分析に対する認識も高まっています。

2．韓国での分析家修練課程

　専門医の個人分析は、私が大学に籍をおいて2年後に始まりました。私は帰国して以来、分析心理学の大衆的普及よりは専門修練を念頭においていました。アメリカでの精神分析の流行がさほど望ましい結果に結びついていないと考えていましたので、韓国では分析心理学を普及させることよりも分析家を修練することに重点をおいたのです。精神科専門医の個人分析が増え、非精神科医、文学を専攻した人たちなどの教育分析が続けられました。彼らを中心に、1978年4月にスイスでイ・ジュンネ先生がユング研究所のディプロマを受けて帰ってきたことに合わせて分析心理学研究会を結成したのも、少数精鋭の集中教育を目的としたためです。

　1978年に私の『分析心理學』が出版され、これがいわば分析心理学の教科書になりました。この本は1998年に改訂され、2011年に第3版が出て、今も多くの読者に愛読されています。私はこの本において、可能な限りユング自身の語りを通して彼の思想を伝達すべく努めました。

　1986年の研究会において、分析心理学研究会を韓国分析心理学会に発展させ、チューリッヒのユング研究所をモデルにして分析家修練計画を立て、予備課程修了試験を実施し、2名の候補者を受け入れました。同時に、『心性研究』という学術誌も刊行しました。以後、分析家修練は1997年に韓国ユング研究院が創立されるまで韓国分析心理学会で実施されました。

　定年退職した1997年8月、私はユング・トレーニングセンターを設立すべく、ソウル城北洞に場所を借り、学会の協力を得て、1997年10月1日に韓国ユング研究院を設立し、1998年3月1日に開院しました。そこから分析家修練は学会から研究院へ移され、より強化された修練計画のもとで行われるようになりました。韓国ユング研究院は専門分析家の修練以外にも一般人の分析相談、分析心理学分野のさまざまな研究、分析心理学関連の書籍の翻訳と出版事業を始め、少なからぬ成果をあげています。私は2003年に韓国ユング分析家協会を創立し、この協会は2004年に国際分析心理学会（IAAP）の一般会員として、また2007年にはトレーニンググループとして認められ、この修練計画に沿って韓国ユング研究院が分析家修練を行っています。

3．分析修練規定と審査過程で見られた東西の違い

　韓国における分析家修練課程で東西文化の対峙が起こったのは、韓国ユング分析家協会が国際分析心理学会の会員として加入するために、修練計画と倫理規定の審査を受けたときでした。我々は加入を望む側ですから、国際分析心理学会の意見にいちいち口をはさめる立場ではありませんでした。我々はチューリッヒ・ユング研究所の古典的運営に見習って教育分析家と評議員中心の運営を取り入れましたが、国際分析心理学会のグループ会員審査委員会は多くの委員会をおいた集団指導体制を好んでいるように見えました。これは西洋文化と関係があるでしょうか。私は、何事も明確で具体的で合理的に条文化する近代西洋の官僚行政主義と関係があると思いました。もちろん、これが近代西洋の一部分ですが、また多少の投影もあったと思います。兎にも角にも倫理規定作成には多くの困難がありました。ユングの倫理（Ethos）論[注5]に基づき、私はユングと老子の善悪に対する態度を倫理規定の序文（Preamble）にし、それは好評を得ました。しかし、細部の条項に至ると、とても些細なところまで修正に修正を重ねなければなりませんでした。実際、序文の精神にしたがうなら、規定は大変簡潔でなければならないはずです（『老子道徳経』18章，62章；ユング「分析心理学における善と悪」『心理療法論』所収）。しかし、修正された倫理規定は‘倫理’規定ならぬ合理主義的西洋の道徳法条文でした。しかも、それでも十分ではないと言われました。集団が大きくなればなるほどさまざまな事態が起こり、それに対処するためにはある種のルールがなければならないことは分かりますが、ユングが今日の事態を見て何と言うかと思いました。

　当時、河合俊雄教授のご厚意により日本ユング派分析家協会（AJAJ）の倫理規定を参照することができ、大変助かりました。

結びに――分析家修練の哲学

　'修己治人'――他人を治療する前にまず自分の心を磨くという原則に他なりません。ユング派分析家修練の目的は、ユングの基本思想を充分に学び、ユング派分析家としての基本姿勢（Einstellung）を備えることであると確信しています。ユングの心理学を応用した多くの特殊な方法、ユング以降のさまざまな技法については、できるだけ開かれた姿勢で臨もうとはしていますが、これに対する批判的受容は修練を終えた後の課題としておいて、修練中はユングの著作を中心に学び、無意識を経験し、その経験を反省しながら無意識の深い意味を理解する勉強に重点をおいています。また、可能な限り、ユングが言及した多くの東洋の伝統思想を教えようと努力しています。シャーマニズム、大乗仏教、老荘思想、儒教思想、周易などを分析心理学的立場から光を当てて考える作業は決して疎かにしてはならないことであり、それがアジアのユンギアンの使命であると考えています。

　ユングは、西洋人が東洋の歴史的伝統を無視したまま東洋の瞑想法を真似ることを痛烈に批判しました。また、西洋人は'東洋の知恵'を西洋の伝統の中から見つけなければならないとも言っています。同じ言葉を我々自身に語りかけてみましょう。私は昔、日本ユングクラブ10周年記念学術大会においてこのことについて話したことがあります。[注6]

　現代人は、健全な知性的で機械的分析に偏ってしまったがゆえに、神話の象徴性を失っています。精神の全体性は、いろいろな具体的単片からなる構築物に還元され、意識できないもの、意識の限界を超えるものに対する畏敬は失われ、ありとあらゆる論理的文字に条文化されています。精神治療は単なる技術に転落しました。

　修練において重要なことは、知識や分析技術ではなく、'姿勢'の確立です。それは、未知の精神世界を知らない心を尊重する心の姿勢にほかなりません。その一つしかないものに文化があり、東西があり、'日本''韓

国''中国'、'アメリカ'などがあります。文化がすべてではありません。文化を包括した個人の全体を志向すること、それが個性化であり、分析の目的であるはずです。このような姿勢は、長い長い個人対個人の対話の過程を通して得られるものです。分析家修練はその一つの段階にすぎません。

　研究所の'分析修練課程'が終わった後も修練は続きます。私の経験から言いますと、実際、勉強は、分析家になった後に、より自由に、より多くするようになります。それから、いわゆる難しい患者さんたちが分析家の先生となってくれます。

　'東と西'という対極を乗り越えるために東を知り、西を学びましょう。究極的には私自身を知り、全体として生きましょう。これは一生をかけても終わらない作業です。

　　付記：本稿は、2013年5月8日に京都大学大学院教育学研究科で行われた招聘講演
　　　　をまとめたものである。

注

1　*Memories, Dreams, Reflections by C. G. Jung*, A. Jaffé (Ed.), New York: Vintage Books, p.238: "I often wished to be able for once to see the European from outside, his images reflected back at him by an altogether foreign milieu."

2　Rhi, B.-Y. (1996). Encounter with the West: From My Life and Work. *Journal of Religion and Health*, 35(4), 337–341.

3　李符永（2011）．分析心理學―― C. G. Jung の人間心性論　第3版　一潮閣 pp.282–292参照。

4　Rhi, B.-Y. (1974). Analysis in Korea with the Special Reference to the Question of Success and Failure in Analysis. *Success and Failure in Analysis*. G. Adler (Ed.), New York: G. P. Putnam's Sons, pp.136–143.

5　Jung, C. G. (1958). Das Gewissen in psychologischer Sicht. *Das Gewissen (Studien aus dem C. G. Jung-Institut, VII)*. Zürich: Rascher, pp.185–207.

6　李符永（1991）．東方文化におけるユング心理学の課題　プシケ, 10, 51–70.

論 文

研究論文

歴史家・阿部謹也の視角から見た日本人のこころ
御霊(ごりょう)信仰を題材にして

松本憲郎
心理療法室　カムイプヤラ

1　はじめに

　精神科医にして歴史家のアンリ・エレンベルガーは、力動精神医学の歴史をあとづけたその大著に、いみじくも『無意識の発見』という題名をつけた。そしてその著書の中で、フロイトをはじめとする深層心理学派の成し遂げた大きな達成が、まさに「無意識」を発見したことであることを明らかにした。それは別の言葉で言うと、"心"が意識的自我に限定されるものではなく、それを超える領域に広がる全体であることを明らかにしたということである（以下、この論文では、意識と無意識をふくんだ心の全体を特に強調してあらわす時、こころと表記する）。しかし、ひるがえって考えてみると、深層心理学派によってなされたこの「発見」は、それまでの人間の歴史において初めてのことなのであろうか。深層心理学派が発見したとされる「無意識」は、それまでの人間の意識には、どのように把握されていたのだろうか。

　この問いに答えるためには、まず西洋の近代的自我の特殊性について考えてみなければならない。河合隼雄がその著『ユング心理学と仏教』の中でくり返し述べているように、西洋の近代的自我は、人類の歴史において、むしろ特殊な達成である。その特徴は、合理性や一貫性をもつことであり、何よりも他者から"切れる"ことで、強い自立した自我を確立しようとす

る。そのようにして達成された自我意識に関して、河合（1995）は「この強い自我は豊かな科学的知識の獲得を促進させましたが、それは常に無意識との接触を失うという危険にさらされています」（p.11）と述べて、西洋的な強い自我が、常に無意識と"切れる"危険にさらされていることを指摘している。さらに河合（1987）は、その著『明恵 夢を生きる』の中で、「（無意識とは）本来ならば次元の異なる『意識』と言うべきだと思われるが、西洋近代においては『唯一の意識』の考えが定着してしまっていたので、無意識と名づけられたのである」（pp.179-180,（　）内は筆者が補足）と述べている。ここから推測されることは、西洋において近代的な自我意識が全盛となり、無意識との接触が失われたことを背景として、「無意識」が"あらたに"「発見」されたのではないかということである。これは別の言葉で言うと、西洋において、何より他者から"切れる"という特徴をもった近代的な自我意識が形成されたことと軌を一にして、そこから切り離されたリアリティーが、「無意識」という領域を形成することになったということである。それゆえ、近代的な自我意識を前提としない世界、すなわち近代西洋社会以外の世界における「こころ」のありようを表現するのに、「意識」「無意識」という言葉をもちいるのは当を得ていないことになる。ここで、先に河合（1987）が述べた「次元の異なる『意識』」（p.179）を「深層の意識」と名づけ、西洋近代における「『唯一の意識』」（p.179）を「日常の意識」と呼ぶとすれば、『明恵 夢を生きる』の中で河合が指摘したのは、「日常の意識」と「深層の意識」というあり方こそが普遍的であるということであった。つまり、西洋の近代的な自我とは違う意識をもつ文化の中では、「こころ」は「日常の意識」と「深層の意識」というあり方をしており、「深層の意識」に存在するリアリティーは「日常の意識」と完全に"切れる"ことなく、「日常の意識」によって何らかの形で体験されていたと推測されるのである。しかし、この時点では、これらのことも、さらなる論証を必要とする仮説にとどまる。

　それゆえ、これらの問いに答えるため、最初にこの論文では歴史家・阿部謹也の為した仕事をとりあげ、その仕事がもつ深層心理学的な意義について検討する。結論を先取りして言えば、阿部は、その歴史家としての仕

事全体をとおして、西洋的な「個人」がいかに成立したのかを明らかにした。これは、深層心理学の立場からすると、近代的な自我意識の成立過程を示したことになる。同時に、西洋において近代的な自我意識が成立する以前、すなわち「深層の意識」が「日常の意識」から"切れて"「無意識」という領域を形成する以前において、西洋と日本の「こころ」のあり方は相当の共通性をもっていたことも明らかにした。つまり阿部は、「日常の意識」と「深層の意識」という人類の「こころ」にとって普遍的なあり方がいったいどのような特徴を備えているのか、そしてそこから、人類の歴史にとって極めて特殊な達成である西洋の近代的な自我意識がいかに分離してきたのかを、歴史学的方法により明らかにしたのである。このことにより、「深層の意識」と呼ばれるリアリティーのとらえ方について、歴史的な視点から西洋と日本を比較することが可能になった。

　次にこの論文では、「深層の意識」が、中世の日本においてどのように体験されていたのかを明らかにするために、日本の民俗宗教である「御霊(ごりょう)信仰」をとりあげる。それは、「御霊信仰」という中世日本において成立した特殊な民俗宗教のなかに、阿部が明らかにした人類の「こころ」にとって普遍的なあり方の特徴が明瞭に浮かび上がっているからであり、同時に「御霊信仰」は、日本に独自のものでもあるからである。

2　歴史家・阿部謹也の明らかにしたこと

　元一橋大学教授で学長もつとめた歴史家の阿部謹也は、専門である中世ドイツの社会史研究を出発点にして、西洋的な「個人」がいかにして成立したのかについて明らかにした。これは、「深層の意識」をふくんだ「こころ」全体のあり方に関心をもつユング心理学にとっても、貴重な示唆に富む仕事である。もとより阿部の仕事は広範にわたり、その論旨は膨大な文献的裏づけをもって展開されている。それゆえ、興味のある方には、ぜ

ひともその著作（阿部, 1995, 2004, 2006a, 2006b, 2007a, 2007b, 2007c, 2012など）に、直接当たっていただきたい。以下においては、豊富な実例をもって阿部が論証した結論のうち、かつて西洋と日本のこころが持っていた共通の基盤と、そこから西洋的な「個人」が分離した過程に焦点をあてつつ、その結論の要約を試みる。

阿部（2006b）によれば、ヨーロッパと日本の歴史をさかのぼっていくと、「十一世紀でガツンと突き当たったところは日本とヨーロッパの共通の地盤であり、共通の地下水が流れているところ」（p.8）となる。阿部によると、その共通の地盤とは、以下のようなものである。

> 十一、二世紀以前の人々の生活を律していた基本的な原理を求めるとすればそれは互酬関係であったといってよいであろう。互酬関係とはモノを媒介とする人と人との関係であり、贈与によって結ばれた関係である。それは必ずしも人と人の間だけではなく、人間と神々や諸霊との間でも結ばれていた。この贈与・互酬の関係を軸とした中世の人々の生活感覚の底にあるもの、いわば中世人の心的構造をみようとするとき重要なのは中世の人々の宇宙観である。（阿部, 2007b, p.16）

ではその根底にある宇宙観とはどのようなものであろうか。

> それは日本人には比較的わかり易いことであるが、中世人は二つの宇宙の中で生きていたということである。一つは中世人にとっては家や村や町であり、少なくともその中では平和が保たれている小宇宙であった。家の外の大宇宙では森の精や病気の原因や死や災難の原因がカオスをなして存在しているが、小宇宙が辛うじてそれらのものから平和を確保しうる場とされていた。（阿部, 2007b, p.20）

すなわち、日本と西洋の共通の地盤とは、コスモロジーの観点から言うと「二つの宇宙」＝「大きな宇宙と小さな宇宙」と表現される世界のとらえ方であり、人と人、人と動物、人と神々との関係においては、「贈与と

互酬」によって結ばれた関係を特徴としていた。ここで、「贈与と互酬」とは、人が様々な相手ととり結ぶ関係のあり方であり、フランスの民族学者マルセル・モースがその著『贈与論』の中で明らかにした概念である。そこにおいて、人が贈与をするのは、自らの富や威信や「マナ（超自然的な力）」を守るためであり、贈与を受けた相手にはお返しの義務が生じる。それをしないと、自らの富や威信や「マナ」を失うことになるのであって、この関係の本質は、それが呪術的関係であるということである。

しかし、その後、北ヨーロッパ（古ゲルマン社会）においては、「共通の地盤」に変化が生じた。それについて阿部は以下のように述べている。

> このような中世人の宇宙観は十一、二世紀以来公的な次元において大きな変化をとげることになった。キリスト教の浸透とともに二つの宇宙という観念は変質し、大宇宙は神々や諸霊の領域ではなく唯一神が支配する場となり、人間が神の言葉に耳を傾け、神の恩寵に恵まれれば大宇宙の神秘をも垣間見ることができると考えられるようになっていった。二つの宇宙という観念は原理的には一つの宇宙としてとらえられていったのである。つまり人間に完全に未知で予測不可能な恐ろしい空間はもはや存在せず、すべては神の摂理として定められたのであり、ただ人間が無知で信仰が薄いがためにそれを理解できないだけだとされたのである。歴史も人間の救済史として把握され、時間は円環的ではなく、最後の審判に向かって直線的に進んでいくものと考えられるようになった。神の摂理を理解し、信仰を深めることによって未来を予知しうるとされたのである。大宇宙も未知の領域ではなく、大宇宙を観察することによってその中で働いている神の摂理をよみとることが出来るとされたから、十一、二世紀には自然科学が盛んになり、近代科学の萌芽ともいうべき自然に対する姿勢が生まれている。
> （阿部, 2007b, pp.27-28）

すなわち、教会は、「人間に完全に未知で予測不可能な恐ろしい空間はもはや存在せず、すべては神の摂理として定められたのであり、ただ人間

が無知で信仰が薄いがためにそれを理解できないだけだ」（阿部, 2007b, p.27）という考え方に基づき、大宇宙の存在に対して呪術的関係をとり結ぶことを罪として、民衆に告解を強いたのみならず、その行為に対して贖罪の罰を与えるという形で、「二つの宇宙」的見方に変更を迫っていった。その結果、ヨーロッパでは、ゲルマン的俗信をふくむ内なる罪を自覚し、それを告解するというあり方から、西洋的な「個人」の出現が準備され、「西洋的な近代的自我意識」を生み出す原動力となった。すなわち、西洋的な個人とは「罪というものが絶対的な尺度としてあって、それに背かない人間、背いた人間ということで振り分けていって、それによってネガのように浮き上がってくる」（阿部, 2006b, p.109）のであり、「こうしてヨーロッパの個人の原点ができてきた」（阿部, 2006b, p.110）のである。

　それに対して、ヨーロッパが11～13世紀に経験し始めた変化、すなわちキリスト教の庶民への浸透による「二つの宇宙論的コスモロジー」や「贈与と互酬」＝呪術的関係の否定という契機は、日本においては存在しなかった。それゆえ、日本においては近代に至るまで、「二つの宇宙論的コスモロジー」や「贈与と互酬」＝呪術的関係が残り、それがヨーロッパとの大きな違いを形成している。

　さらに、個々の日本人は、現代においても「世間」という人と人との関係性の中に埋め込まれて生きている。すなわち、「われわれの周囲にある基準はどういうものかというと、世間の基準」（阿部, 2006b, p.110）であり、それは、「罪という絶対的な尺度」（阿部, 2006b, p.109）ではなく「自分の行為がまわりからどう見られているかを知るということがわれわれの基準」（阿部, 2006b, p.110）となっている。この点こそが「日本の個人とヨーロッパの個人との根本的な違い」（阿部, 2006b, p.110）なのである。ここで、阿部の言うところの「世間」に関しては、少し説明がいると思われる。それは、阿部自身の言葉で言うと、「個人と個人を結ぶ関係の環であり、会則や定款はないが、個人と個人を強固な絆で結びつけている。しかし、個人が自分からすすんで世間をつくるわけではない。なんとなく自分の位置がそこにあるものとして生きている」（阿部, 1995, p.16）というものである。「世間」の存在は、日本人にとってはあまりにも自明なので、

現在もそれを対象化して認識するのは困難であるが、阿部自身が「世間」の存在の具体例としてあげているものに、今も繰り返し行われている「謝罪」の問題がある。それは、以下のようなことである。

> 政治家や財界人などが何らかの嫌疑をかけられた時、しばしば「自分は無実だが、世間を騒がせたことについては謝罪したい」と語ることがある。この言葉を英語やドイツ語に訳すことは不可能である。西欧人なら、自分が無実であるならば人々が自分の無実を納得するまで闘うということになるであろう。ところが日本人の場合、世間を騒がせたことについて謝罪することになる。(阿部, 1995, p.20)

同様の事態は、今日でもテレビで見ない日はないほど、日本においては一般的なことである。このことは、日本において個々の人間は、現在もなお「世間」という絆によって結び合わされた状態で存在しており、他者から切れることを本質的な特徴としている西洋的な「個人」はいまだに存在していないことを示している。さらにつけ加えると、「ヨーロッパの十一世紀以前の社会は基本的には日本の世間と同じような人間関係をもった社会であった」(阿部, 2006b, p.32)のである。

以上に述べてきたことは、歴史家・阿部謹也が、西洋と日本の社会史研究の中で明らかにしたことの筆者なりの要約である。以下では、無意識をふくむ「こころ」全体を理解するにあたって、阿部の研究が示唆するものについて考えてみたい。

3 ユング心理学の立場から、阿部謹也が論じたことの意味を考える

ユング派では、「昔話」や「神話」の違いから、西洋人と日本人のこころのあり方の相違を論じることがしばしば行われている。それに対して阿

部謹也は、実証的な歴史学的方法を用いて、西洋人と日本人のものの見方の相同性と相違を、歴史的な流れの中に位置づけて見せた。

　その内容はくり返さないが、そこから最初にいえることは、日本人が今ももっており、12世紀以前の西洋人がもっていた「大宇宙と小宇宙という分け方は普遍的なものであり、どの民族にも程度の違いこそあれみられるものである」(阿部, 2007b, p.265) ということである。そして、この「二つの宇宙」という世界のとらえ方こそは、「中世人の心的構造」(阿部, 2007b, p.16) をあらわしており、それゆえ、このことを深層心理学の視点から読みかえることが可能となる。それはすなわち、河合隼雄も指摘した「こころ」の普遍的なあり方である「深層の意識」と「日常の意識」が、多くの民族にとって普遍的な「心的構造」である「大きな宇宙と小さな宇宙」というとらえ方に対応しているということである。そして、「小宇宙の外には大宇宙が広がって」(阿部, 2006b, p.324) おり「幸運や不幸がすべて大宇宙からくる」(阿部, 2006b, p.324) というとらえ方は、このような宇宙観をもっている文化において、「日常の意識」は「深層の意識」と完全に切れてはおらず、「深層の意識」に属するリアリティーは、何らかのかたちで「日常の意識」と接触していたことを示している。それに対して、西洋人のこころにおいては、12世紀以降、「二つの宇宙」が「一つの宇宙」へと塗りかえられ、「深層の意識」が「日常の意識」から切り離されることによって、「深層の意識」は「無意識」という領域を形成することになった。このことは、「無意識」というものが超歴史的なものではなく、その成立が、西洋の近代的な自我意識の形成と裏腹の関係にあったことを示している。つまり、人類の歴史において、「深層の意識」と「日常の意識」というあり方こそが普遍的であり、「近代的な自我意識」と「無意識」は、12世紀以降の西洋に生じた特殊な現象なのである。

　また、先に論じたように、日本人の自我は現在に至るまで、阿部が「世間」と名づけた他者との関係性の中に埋め込まれており、そこには、他者から"切れる"という特徴をもった西洋的な近代的自我意識は存在していない。個人が「世間」の中に埋め込まれているこのようなあり方は、ユング派の中では、河合隼雄がその著『母性社会 日本の病理』の中で、「場の

倫理」（河合, 1997, pp.24-27）として鮮やかに描き出した事態であって、阿部はそれに別の方向から光を当てたのである。

　以上、阿部謹也の仕事をとおして、日本と西洋のこころのあり方が、歴史的に形成されてきた道筋を概観し、それが深層心理学の立場から何を意味するか見てきた。以下では「御霊信仰」をとりあげ、中世に生きた日本人の「日常の意識」によって、「深層の意識」がどのように体験されていたのかを見ていきたい。

4　御霊信仰とは何か？

　柴田實（1984）が「史上何らかの災により非業の死をとげ、その怨魂の死後 厲(たたり) をなすものをば、とくに御霊(ごりょう)と称してその慰和につとめ、これを神と崇めて崇敬するところの信仰習俗、すなわちここにいうところの御霊信仰は、わが神道史上もっとも特異な一事実」（p.253）と述べているように、"御霊"とは神道における神である。"御霊"は、もともとは人間であったが、政敵に失脚させられ、深い恨みを抱いて死ぬこととなった。その後、政敵を襲った多くの災厄は、恨みを呑んで死んだ人の霊がもたらしたと考えられるようになった。さらには、政敵がこうむった災厄のみならず、都に住む人々を襲った疫病や落雷などの災害も、深い恨みを抱いて亡くなった人々の霊のなせる業と考えられるようになり、彼らの霊は、政敵達はもちろん、ほかの多くの人々にも恐れられることとなった。しかし人々は、その怨霊に敬称をつけて"御霊"と呼び、御霊会(ごりょうえ)を開いて信仰の対象とした。それにより、恨みを抱いて死んだ人間の霊は、多くのご利益をもたらす存在となったのである。

　ところで、御霊会(ごりょうえ)が歴史上の文献に現れたのは、『日本三代実録』における、貞観5（西暦863）年5月20日、京都の神泉苑において行われた御霊会に関する記事をもって「初見」（菊池, 1984, p.43；高取, 1984, p.63）とさ

れる。『日本三代実録』におけるこの記事は、御霊信仰を考える際に立ち戻るべき多くの大切な事実をふくむため、ここでは煩瑣をいとわず、全文をそのまま引用する。

> 廿日壬午、神泉苑に御霊會を修しき。勅して左近衛中将従四位下藤原朝臣基経、右近衛権中将従四位下兼行内蔵頭藤原朝臣常行等を遣りて、會の事を監しめ給ひ、王公卿士赴き集いて共に観き。霊座六の前に几筵を設け施し、花果を盛り陳べて、恭敬薫修しき。律師慧達を延せて講師と為し、金光明經一部、般若心經六巻を演説し、雅楽寮の伶人に命せて楽を作し、帝の近侍の兒童、及び良家の稚子を以て舞人と為し、大唐、高麗更出でて舞ひ、雑伎散楽競ひて其の能を盡しき。此の日宣旨ありて苑の四門を開き、都邑の人の出入して縦観するを聴し給ひき。所謂御霊とは、崇道天皇、伊豫親王、藤原夫人、及び観察使、橘逸勢、文屋宮田麻呂等是なり。並びに事に坐りて誅せられ、冤魂厲となる。近代以来、疫病繁りに發りて、死亡するもの甚だ衆し。天下以篇らく、此の災は御霊の生す所なりと。京畿より始めて爰に外國に及び、夏天秋節に至る毎に御霊會を修して往々に斷たず、或は佛を禮し經を説き、或は歌い且つ舞い、童貫の子をして靚粧して馳射し、膂力の士をして袒裼して相撲せしめ、騎射藝を呈し、走馬勝を争ひ、倡優嫚戯して、遞に相ひ誇り競はしむ。聚りて、観る者、塡咽せざるなく、遐迩因循して、漸く風俗を成す。今茲春の初め、咳逆、疫と成りて、百姓多く斃れ、朝廷爲に祈り、是に至りて乃ち此の會を修す。以て宿禱に賽せしなり。（武田・佐藤訳, 2009, pp.201-202）

以上の記事から分かる事実を箇条書きにすると、以下のようになる。
①貞観5年の初めに、咳を伴う疫病が流行して、百姓の多くが死亡した。
②そのため、朝廷が公式に命じて、藤原基経らを派遣し監督させ、京都の神泉苑で御霊会を開いた。
③そこでは、崇道天皇、伊豫親王、藤原夫人、及び観察使、橘逸勢、

文屋宮田麻呂等のために六つの霊座を設けて、その前に花や果実を供えた。
④彼らは、反逆に連座した罪によって死に至らされたため、その魂は鬼になり、御霊と呼ばれるようになった。
⑤神泉苑の御霊会では、仏教の僧によって般若心経六巻などの経典が唱えられたのみならず、雅楽や舞のほか、様々な芸能が捧げられた。
⑥この御霊会は、貴族のみならず、天皇の許しによって庶民も見物することができた。
⑦この記事が書かれた時代には疫病が頻繁に流行し、世間はその原因を御霊の仕業であると考えるようになっていた。
⑧そのため、夏から秋にかけての時期に御霊会が開かれるようになり、それは平安京に近い国々から始まって、次第にそれ以外の地方に広がって行った。
⑨それらの御霊会では、僧が仏を礼拝して経を唱えたり、歌舞音曲や相撲などの催しが行われ、御霊会は広く庶民の風俗になっていた。
⑩御霊会に集まって見物した人々で、声をあげて泣かない者はいなかった。

以上、『日本三代実録』における、貞観5（西暦863）年の御霊会に関する記事の内容をまとめたが、これらの事実について考える前に、ここではまず、御霊信仰が起こった時代背景について簡単にふれておきたい。

5　御霊信仰成立の時代背景

　延暦3（西暦784）年の長岡京遷都を経て、延暦13（西暦794）年に新都が造営され平安京と名づけられてから、先に記した貞観5（西暦863）年の神泉苑の御霊会までの約80年間は、中央集権的な律令体制の綻びがはっきりとした時代であった。「8世紀の後半から、農村では調・庸や労役の負担

を逃れようとして浮浪・逃亡する農民が相ついだ。その背景には、農民層が有力農民とその経営下に入る農民とに分解していったこと、また貴族・寺院などによる大土地所有が進展して、浮浪・逃亡農民を受け入れたことなどがある。9世紀になると、戸籍には兵役・労役・租税の負担の中心となる男性の登録を少なくするなど偽りの記載（偽籍）が増え」（佐藤他編, 2008, pp.93-94）、浮浪・逃亡した農民は、成立したばかりの平安京に流入するところとなった。その一方で、支配層の中にあっては藤原氏が勢力を伸長し、藤原氏による摂関政治が確立した時代でもあった。神泉苑の御霊会に監督として派遣された藤原基経は、その義父良房とともに、摂関政治の始まりをになった人物として知られている。藤原氏は、その支配を確立する過程で多くの政敵を追い落としていったが、のちに述べるように、御霊として祀られるようになったのは、藤原氏の支配から排除された政敵達であった。

　以上を踏まえると、『日本三代実録』における貞観5（西暦863）年5月20日の記事のうち、先にまとめた①⑥⑦⑧の項目の意味がはっきりする。それは、何よりも平安京において、庶民の中に疫病が起こりやすい状況があり、それを鎮めるための御霊会も、平安京においてこそ切実に求められていたということである。そして同時に、律令制の分解という社会変動は、朝廷の支配の及ぶ地域全体の直面する問題であったがゆえに、庶民の中に御霊会が広まりやすい状況が、地方においても存在していたと思われる。また、②に関して言うと、藤原基経が御霊会の監督に差し向けられたということは、庶民のみならず、多くの政敵の"屍の上で"権力を握った側も、切実に御霊会を必要としていたことを示して、興味深い事実である。

　以上を踏まえて、次に、御霊信仰において「御霊」はいかに体験されていたのかについて、『日本三代実録』の記事に沿って見ていきたい。

6　御霊信仰において、「御霊」はどのように体験されていたのか？

(1) 来訪して来るものとしての御霊

　神泉苑の御霊会について、まず最初に考えてみなければならないのは、そこで御霊として祀られた人物達が果たしてどのような経緯で御霊となり、彼らに共通する性質は何かということである。

　井上（1984）は、上記の貞観5年の記事に書かれた御霊のうち「崇道天皇・伊予親王・藤原夫人・文屋宮田麻呂については疑問がない」（p.109）としているが、様々な考察のあと、「観察使は橘逸勢にかけておくほうが史料解釈として妥当であろう」（p.109）と述べ、記事に現れた御霊は、疑問のない四名に観察使橘逸勢を加え「列記された御霊は五座五名である」（p.109）と結論づけている。観察使を別の人物とする説もあるが、井上の解説に従って、崇道天皇・伊予親王・藤原夫人・文屋宮田麻呂・観察使橘逸勢について見てみることにしよう。

　ここで早速ではあるが、井上（1984）の解説によって浮かび上がってくる、五者に共通する性質とはなんであろうか。最初に指摘できるのは「五人とも罪名が謀反であるということである」（p.113）。この場合の謀反とは、もちろん天皇に対する罪だが、同時にそれは、天皇のそばで権力を握りつつあった藤原氏との政争に敗れたということでもあった。このことが五者を御霊として祀る理由となるのは、庶民の側から見ると、没落の過程で抱いた不満や疫病への恐怖を、追い落とされた人物の怒りや怨念に仮託したためであろうし、権力者の側から言えば、罪なき人を追い落としたことに対する後ろ暗さを、御霊の祟りに映して、自らの影におびえるという心理が働いたためでもあろう。

　しかし、井上（1984）も指摘しているように、「もっとも重要な御霊たちの共通点は、彼ら五名がいずれも平安京（長岡京）を離れて流罪となり、流刑地であるいは途中で死んでいるということである」（p.113）。では、なぜこの性質が重要なのであろうか。それは、当時「疫病は内部から発生

するものではなく、異界からやってきて生活を破壊し、時には死という人間に最大の恐怖をももたらすものとして把握されていたのであ」（井上, 1984, p.114）り、異界から来訪してくるものとしての"疫病"と、都の外に流されて死んだ五者の存在がかさなりあった時、この五者が御霊として祀られることになったのである。ここに至って、先にまとめた神泉苑の御霊会の③④⑦の項目の意味が、よりはっきりと浮かび上がってくる。つまり、御霊となるためには「冤罪や政治的失脚と言う事実があるかまたそう考えられているというだけではだめなのであって、より重要なのは異界に流され、異界で死んだという条件がどうしても必要なのであ」（井上, 1984, p.114）る。それがあってはじめて、"非業の死"を遂げた霊は、異界から来訪してくることができる。神泉苑の御霊会で祀られた五者はこの条件を満たすため、御霊となることができたのである。

次に、神泉苑の御霊会について考えてみなければならないのは、上記のごとく来訪してきた御霊に対して、人々がどのように向かい合っていたのかということである。『日本三代実録』の記事によると、そこでは霊座の前に花や果物を供え、僧によって般若心経などの経典が唱えられ、また雅楽や舞などの芸能が演じられたという。

(2) ミタマフリとしての芸能

ここではまず、御霊会の中で行われていた様々な芸能について考えてみる。神泉苑の御霊会では「雅樂寮の伶人に命せて樂を作し、帝の近侍の兒童、及び良家の稚子を以て舞人と爲し、大唐、高麗更出でて舞ひ、雑伎散樂競ひて其の能を盡しき」（武田・佐藤訳, 2009, p.201）とあり、御霊に対して音楽や舞などがささげられている。このことは何を意味しているのであろうか。上田正昭（2012）はその著『死をみつめて生きる――日本人の自然観と死生観』の中で「『鎮魂』の古訓には(1)オホムタマフリ・ミタマフリと、(2)オホムタマシヅメ・ミタマシヅメとのふた通りあった」（p.91）と述べ、とりわけオホムタマフリの儀式は、天宇受売命が天の石屋戸の前で踊ったという神話にさかのぼることを指摘している。これは日本における芸能の起源を示す神話として有名であるが、以下に古事記の当

該部分を示す。

　天宇受売命、天の香山の天の日陰を手次にかけて、天の眞拆を蔓として、天の香山の小竹葉を手草に結ひて、天の石屋戸に槽伏せて、神懸りして、胸乳をかき出で裳緒を陰に押し垂れき。ここに高天の原動みて、八百萬の神共に咲ひき。（倉野校注, 1963, pp.40-41）

　ここで天宇受売命は、天の岩屋戸に隠れた天照大神を岩屋戸から誘い出すために、乳房をむき出しにし、女陰には紐を垂らしただけの姿で、神懸りして踊った。このことが象徴しているのは、一つには、"死んだ"天照大神の甦りを促すために、天宇受売命が秘められたものを開いたということである。その結果、笑いという風が吹き抜け、天照大神はよみがえることができた。

　すなわち、御霊の前で披露される芸能には、威力あるものに触れることで衰えた生命力を揺り起そうというミタマフリの祈りが込められているのである。

(3) ミタマシヅメの呪文としての般若心経

　次に考えてみなければならないのは、神泉苑の御霊会で読経された般若心経についてである。般若心経は大般若経と同じく空の思想を根底とした般若経典の一つであるが、橘恭堂（1984）は、般若経を読経することについて『源氏物語』の「葵」の巻を題材にした謡曲「葵上」をとりあげて、「怨霊（もののけ）を鎮めるのは大般若転読の際の般若声にしくものはないと思われていた」（p.85）と述べている。また、現在でも広く行われている民俗信仰に「虫送りの大般若」の行事があり、典型的には、寺で「大般若経」を転読したあと、経箱をかついで鉦や太鼓を打ちながら村内を巡行して虫を追い払うというものである。橘（1984）はこれをとりあげて、「民俗信仰として行われる『虫送り大般若』の行事は、現在では農耕上の災害となる虫を送り出す儀礼として行われているが、その形態は疫神送りとまったく同じ姿を取っている」（p.92）と述べている。そして、「『大般

若経』の場合は、般若空観を『空ずる咒力（じゅりょく）』として咒術的に、経典を悪霊災害を『空ずる咒力ある経典』として咒物崇拝的に受容しているところに特質がある」(p.94) と結論づけた。つまり、御霊会における般若心経の読経は、何よりも来訪してきた御霊を鎮めるためのミタマシヅメの呪文として唱えられたのである。

　以上、侵入してきた御霊に対して、御霊会の中で人々がどのように向かい合っていたのかを、上田正昭及び橘恭堂の説に従って見てきた。それは、ミタマフリとミタマシヅメの二つの側面をふくむものであった。このことに関して、上田（2012）は、以下のように述べている。

　　　権力闘争を繰り返す為政者は、怨霊の祟りを文字通り鎮魂すなわち祟らないようにタマシヅメすることに重点があり、民衆の側では、祟るほどの威力のある怨霊を、くらしの幸せを招く霊力として逆にあおぎ、ミタマフリを祈願する方に力点がおかれていた。そこには明らかに為政者の側と民衆の側との鎮魂のありようをめぐる二つの流れがあった。(p.122)

　もちろん、権力者の畏れと民衆の苦難という「二つの流れ」が交わったところに御霊信仰は成立したのであるから、御霊信仰における鎮魂の中には、上田の言うように力点の置かれ方の違う「二つの流れ」があったことは間違いない。しかし、それに加えて、ここでは次のことを指摘したい。それは、「怨霊」そして「御霊」という二つの名前をもつリアリティーは、本来一つのものの二つの側面ではないかということである。本稿の「ミタマフリとしての芸能」の項で、侵入してくるものをあえて「威力あるもの」と表現したのは、それが本来、善でも悪でもありうるものであり、それに向かう意識の姿勢によって、善にも悪にも変転しうるものであることを示したかったからである。

　ここまで述べてくると、『日本三代実録』の記事に関して先にまとめた⑤⑨⑩の意味がより明瞭に浮かび上がってくる。つまり、御霊会において人々が向かい合っていたのは「来訪してきた威力あるもの」であった。そ

して、それらと御霊会の中で向かい合い、悪しきものを呪文でミタマシヅメし、善きものを雅楽や踊りなどによってミタマフリする中で、参加者は宗教的恍惚の状態となり、声をあげて泣いたのである。

(4) 送られるものとしての御霊

この項の最後に、御霊会が終わったあとの御霊について、人々がどのように考えていたかを簡単に示したい。『日本三代実録』における貞観5（西暦863）年5月20日の記事には、この点が明瞭に示されてはいないため、それをより明確に示す資料として、ここでは『日本紀略』における正暦5（西暦994）年の御霊会の記事をとりあげる。この御霊会は京都の船岡山で行われたが、そこでは神輿（みこし）が二基作られ、多くの人々が幣帛（へいはく）をもって集まり、「礼が了（お）わり、難波の海に送った」（黒板編,1965, p.178　原文は漢文であり筆者が読み下した）とある。すなわち御霊は、御霊会が終わったあと、神輿や幣帛とともに異界に送り返すものとされていたのである。

以上、御霊会の中で人々の前に御霊がどのように立ち現れ、人々がそれとどのように向かい合い、さらには送り返していたのかを、『日本三代実録』および『日本紀略』における御霊会に関する記事に沿って見てきた。次に、阿部謹也の視角から見て、御霊信仰がどのように位置づけられるか考えてみたい。

7　阿部謹也の視角から見た御霊信仰

阿部の視角から御霊信仰を見ると、まず指摘できるのは、御霊信仰において見られる祀る人と御霊との関係は、阿部が言うところの「贈与と互酬」＝呪術的関係の具体的な現れであるということである。これまで見てきたように、御霊会においては、御霊に対して花菓が供えられ、歌舞音曲

などの芸能が捧げられ、経が唱えられた。それは、威力ある存在としての御霊に対して捧げものをすることにより、ミタマフリ・ミタマシヅメという"効果"を得ようとして行われる「呪術」そのものである。

次に指摘できるのは、コスモロジーにおける「二つの宇宙」的見方が、御霊信仰の中にはっきりと表れていることである。「二つの宇宙」とは何かについて、ここでは再びくり返さないが、御霊信仰において、都の外に流され非業の死を遂げた者は、そこで死ぬことによって御霊となった。ここで言う都の外とは、コスモロジー的には「大きな宇宙」と重なっている。すなわち、「都の外（大きな宇宙）に存在する御霊によって、都の中（小さな宇宙）に疫病が引き起こされた」という感じ方は、「二つの宇宙」的見方そのものである。そして、「ユング心理学の立場から、阿部謹也が論じたことの意味を考える」の項で論じたとおり、コスモロジーにおける「大きな宇宙」と「小さな宇宙」は、「こころ」における「深層の意識」と「日常の意識」に対応しているがゆえに、御霊信仰を知ることは、「中世に生きた日本人の『日常の意識』によって『深層の意識』がどのように体験されていたのか」を、追体験することでもあるのである。

8　おわりに

本稿では、最初に、歴史家・阿部謹也の仕事をとおして、西洋人と日本人のこころが歴史的にどのように変遷してきたかをあとづけた。次に、御霊信仰という日本の民俗宗教をとりあげ、阿部が明らかにした視角を大いに参考にしつつ、西洋的な近代的自我意識を前提としない中世の日本において、「深層の意識」がどのように体験されていたのかを検討した。それらはすべて、西洋との比較において、日本人のこころがいかなるあり方をしているのかを明らかにする試みにほかならない。

本論でも触れたとおり、西洋社会は、キリスト教の浸透と軌を一にして、

数百年の時間をかけて西洋的な「個人」を確立していった。それに対して日本社会は、明治以降、急速に西洋文明をとり入れ、社会制度や科学技術においては近代化を達成したが、その外皮の内側においては、いまだに旧来の人間関係やものの見方を保持している。これは阿部（2004）が「日本近代の二重構造」（p.121）と呼んだ事態である。これをどう評価するかは別として、少なくともこのことに自覚的であることは、日本人としての「個性化」を考える上で、非常に大切なことであると思われる。その際、歴史家・阿部謹也の語った以下の言葉は、現代において「個性化」の道を歩もうとする日本人にとって、今なお重い意味をもっている。

「世間」の中で閉塞させられてきた個人を解き放たなければならない。しかしそれは西欧の個人の歴史をなぞるようなものであってはならない。（阿部, 2004, p.200）

文献

阿部謹也（1995）.「世間」とは何か　講談社現代新書
阿部謹也（2004）.　日本人の歴史意識――「世間」という視角から　岩波新書
阿部謹也（2006a）.　近代化と世間――私が見たヨーロッパと日本　朝日新書
阿部謹也（2006b）.　ヨーロッパを見る視角　岩波現代文庫
阿部謹也（2007a）.　自分のなかに歴史をよむ　ちくま文庫
阿部謹也（2007b）.　中世賎民の宇宙――ヨーロッパ原点への旅　ちくま学芸文庫
阿部謹也（2007c）.　西洋中世の男と女――聖性の呪縛の下で　ちくま学芸文庫
阿部謹也（2012）.　西洋中世の罪と罰――亡霊の社会史　講談社学術文庫
Ellenberger, H. F.（1970）. *The Discovery of the Unconscious*. New York: Basic Books.（木村敏・中井久夫（監訳）（1980）.　無意識の発見――力動精神医学発達史　上・下　弘文堂）
井上満郎（1984）.　御霊信仰の成立と展開――平安京都市神への視角　柴田實（編）御霊信仰　民衆宗教史叢書5　雄山閣　pp.101-125.
河合隼雄（1987）.　明恵 夢を生きる　京都松柏社
河合隼雄（1995）.　ユング心理学と仏教　岩波書店
河合隼雄（1997）.　母性社会 日本の病理　講談社＋α文庫
菊池京子（1984）.　御霊信仰の成立と展開――信仰の支持階層を中心として　柴田實（編）御霊信仰　民衆宗教史叢書5　雄山閣　pp.37-61.

倉野憲司校注（1963）．古事記　岩波文庫
黒板勝美編（1965）．新訂増補　國史体系　第11巻　日本紀略後編・百錬抄　吉川弘文館
Mauss, M.（1925）．*Essais sur le don*．（吉田禎吾・江川純一（訳）（2009）．贈与論　ちくま学芸文庫）
佐藤信・高埜利彦・鳥海靖・五味文彦（編）（2008）．詳説日本史研究　改訂版　山川出版社
柴田實（1984）．御霊信仰と天神　柴田實（編）御霊信仰　民衆宗教史叢書5　雄山閣　pp.253-267.
高取正男（1984）．御霊会の成立と初期平安京の住民　柴田實（編）御霊信仰　民衆宗教史叢書5　雄山閣　pp.63-77.
武田祐吉・佐藤謙三（訳）（2009）．読み下し日本三代実録　上・下　戎光祥出版
橘恭堂（1984）．わが国における怨霊信仰と『大般若経』の関係について――庶民仏教史としての一試論　柴田實（編）御霊信仰　民衆宗教史叢書5　雄山閣　pp.79-99.
上田正昭（2012）．死をみつめて生きる――日本人の自然観と死生観　角川学芸出版

（2014年10月22日受稿　2014年12月16日受理）

● 要約

　本稿では、まず最初に、歴史家・阿部謹也の為した仕事をとりあげ、その仕事がもつ深層心理学的な意義について検討した。その中で、阿部は、中世における西洋と日本、双方に共通の地盤の中から、近代的な自我意識が分離してきた道筋を、歴史学的方法により明らかにした。その共通の地盤とは、コスモロジーの観点から言うと「二つの宇宙」と表現される世界のとらえ方であり、人と人、人と動物、人と神々との関係においては、「贈与と互酬」によって結ばれたあり方を特徴としていた。次に、近代的な自我意識によって「無意識」と呼ばれたリアリティーが、中世の日本においてどのように体験されていたのかを明らかにするために、日本の民俗宗教である御霊信仰について論じた。そして、そこには、「二つの宇宙」的コスモロジーと「贈与と互酬」によって結ばれた関係が存在していることを明らかにした。このような「無意識」のとらえ方は、現在の日本にも残っており、日本人のこころと「個性化」を考える上で、それを自覚することは大切である。

　　キーワード：阿部謹也、御霊信仰、日本人のこころ

The Japanese Psyche Seen from the Viewpoint of the Historian Kinya Abe and the Belief in GORYŌ in Shintoism

MATSUMOTO, Norio

Office of Psychotherapy, Kamuypuyar

　In this paper, I first address the achievements of the historian, Kinya Abe and examine them from the point of view of Depth Psychology. Abe describes the common basis of Psyche between Westerners and Japanese that existed during the

Middle ages and the historical process of separation of "modern ego consciousness" from it. Abe also distinguishes two characteristics of this common basis: "the dual universe" in cosmology and "gifts and reciprocal exchange" in the relationship between a person and others, animals, and deities. Next I discuss the belief in GORYŌ in Shintoism to know how the medieval Japanese experienced "unconsciousness" and I make it clear that they had the views of "the dual universe" and "gifts and reciprocal exchange." Modern Japanese people have the same features in their views, so it is important to be conscious of these when we think about the Japanese Psyche and the "individuation process".

Key words: Kinya Abe, the belief in GORYŌ, the Japanese Psyche

研究論文

クライエントが表現した作品と中国の象形古文字を関連づけることの臨床的意味

Adelina Wei Kwan Wong

Approved Supervisor of the American Association of Marital & Family Therapy (AAMFT)
Certified Sandplay Therapist of International Society of Sandplay Therapy (ISST)

翻訳　粉川尚枝
京都大学大学院教育学研究科

　分析的心理学を実践する上で、夢のイメージや、箱庭、描画のような芸術的イメージは、分析家がクライエントの心理的状態を理解するために重要な、無意識を扱うための素材である。クライエントが生み出したイメージについて、Jung は「心の全般的状況を凝縮して表わすものであって、単に・あるいは主として、無意識内容だけを表わすものではない。(…) したがってイメージはその時々の無意識の状況と意識の状況を表わしている。それゆえあるイメージの意味を解釈することは、意識と無意識のどちらかのみから出発するのではなく、両者を互いに関連させることによって初めて可能になる」(Jung, 1921/1987, pp.447-448) と考えている。そして「個人的イメージには太古的性格も集合的意味もなく、それは個人的無意識の内容や個人的に制約された意識状態を表わしている」(Jung, 1921/1987, p.448) とする一方で、根源的イメージについては「根源的イメージを私は『元型』とも名づけたが、これはつねに集合的である、すなわち少なくともあらゆる民族や時代に共通である」(Jung, 1921/1987, p.448) と述べている。Jung はさらに、「自然科学的－因果論的な観点からみると、根源的イメージは、互いに似通った無数の事象が濃縮することによって形成された記憶の痕跡・エングラムと解することができる。この見

方によれば、根源的イメージは、つねに繰り返される一定の心的体験の痕跡であると同時にその典型的な基本形式でもある」(Jung, 1921/1987, p.448) と指摘している。

　筆者は、カリグラフィーの練習から、今日使われている中国語の文字は、中国の象形古文字にその起源をたどることができると気づいた。筆者は日頃、クライエントのコンプレックスが伝えようとしている意味を摑むために、クライエントが生み出した夢のイメージや芸術的イメージについて時間をかけて考えることを実践しているが、クライエントのコンプレックスは心の内では自律的な存在である。Jung は「コンプレックス〔複数〕は、外傷的な影響もしくは何らかの相容れない傾向によって切り離された、こころの断片である。(…) コンプレックスは意志の意図を妨害し、意識的遂行をかき乱す。これらは記憶の混乱を生み出し、連想の流れの停滞をもたらす。(…) 一言で言うなら、コンプレックスは独立した存在のように振る舞うのである。(…)」(Jung, *CW* 8, par.253) と主張した。Jung はコンプレックスを無意識に至る道であり、夢のイメージを構成する夢の作り手と呼んだが、これは夢だけでなく箱庭や描画を含むすべての芸術的イメージにも当てはまる。

　あるとき筆者は、クライエントが苦しんでいるコンプレックスを理解しようと、クライエントの箱庭や描画をじっと見つめるうちに、ふとその箱庭や描画が、今筆者が練習している中国の象形古文字に似ている！と直感した。3000年以上、中国の言語と文化表現の柱として役目を果たしてきた中国の絵のような文字の宝庫は、文化的で元型的なモチーフを含むクライエントのイメージを理解するための助けとなり得るのだろうか？

　本論文では、クライエントの表現した作品とそれに類似した中国の象形古文字との間の関連について、筆者の発見を論じたい。類似した象形古文字と関連づけることで、筆者はクライエントのコンプレックスをより広く深い枠組みから理解でき、それがクライエントのもつれを解かせ、前に進むよう変化させるための助けにもなる。さらに、この新たな発見をもとに、元型的なテーマを扱うための素材として、西洋で一般に使われる昔話や神話に加えて中国の象形古文字を用いることができるか、その可能性につい

ても検討したい。これは特に、自国の言語に中国の象形古文字の影響を受けた、中国や日本、韓国のような東洋の人々の間で役立つだろう。

　中国の象形古文字には次の3種類がある。(1)甲骨文字：象形文字は紀元前1250年ごろ、殷、商王朝の中心があった、河南省の安陽市で発見された。それらは亀の甲羅や雄牛の骨に彫られ、占いや日常生活を記録するために用いられていた。(2)金文：紀元前1034年ごろ、儀式に用いられる青銅器に彫られたもので、この書体は大篆とも呼ばれる。(3)小篆：秦の始皇帝が初めて中国の皇帝になった紀元前221年に使われ、その時中国の書記体系は、宮廷では公式にこの小篆を用いるよう統一された。秦王朝の後、中国語の書体は次第に小篆から隷書に、そして現在一般に普及しているフォント、楷書に発展した。楷書は現代の公式の書体である。この論文で筆者が小篆を使うのも、それが秦王朝（紀元前221-206年）以来はじめて標準化された書体であり、後に続く他の書体もすべて小篆から発展したからである。

例：文字「上」

甲骨文字　　　　金文　　　　小篆　　　　楷書

　1つの箱庭イメージと6枚の描画を含む、二人のクライエントによって表現された作品は、筆者の発見を例証するために用いることができるだろう。筆者は、康熙帝によって1716年に制作を命じられた辞書『康熙字典』の中で、似ている中国の象形古文字を探した。また、その他の情報源として、香港中文大学によって編集された「漢語多功能字庫」も参照した。このデータベースは文献としては出版されておらず、http://humanum.arts.cuhk.edu.hk/Lexis/lexi-mf/ からオンライン上でのみ閲覧できる。

1　3つの異なる中国象形文字によって説明される箱庭のイメージ

　筆者のクライエント、エレーンは、結婚前の性交渉を控えるという約束を彼女の友人が守らなかったことにひどく失望して筆者のもとを訪れた。裏切られたと感じて、エレーンの心はすっかり打ち砕かれていた。筆者たちは短い期間、共に心理療法に取り組み、彼女は治療を終結させた。心のより深い層に触れるたびにエレーンは終結を求めたもので、これは筆者にとってしばらくの間セラピーが後退することの現れだった。全心理療法期間中、エレーンは三度、セラピーを去っては戻ってきた。彼女は二度目に戻ってきたとき、筆者に彼女が生まれたときの話を語った。彼女の母親は彼女が生まれる前に二度の妊娠中絶をしており、彼女のことも中絶したいと思っていた。しかし、どういうわけか彼女は中絶を生き残り生まれてきたが、彼女の後にもまた新たに中絶は成功していた。彼女はこの話をほとんど感情を込めずに数回繰り返したが、彼女が箱庭の上に作った作品は、筆者に非常に強い印象を与えた。彼女が再び来談した際、筆者たちの治療関係の性質をさらに理解しようと、筆者はこの箱庭のイメージに頻繁に立ち返った。

　エレーンは、この箱庭のイメージ（写真1）を作ったとき、水と湿った土で長い時間遊んでいた。彼女は湿った土をこねてボールを作り、そのボールを積み重ねて2つの人型にした。そしてこれら2つの人型のそばにベンチを置き、周りに境界を作った。この時の彼女の日常生活に関して、そのイメージが表す意味を理解することは難しくなかった。セラピーの外の生活では、エレーンは仕事を辞めること

写真1　エレーンが作った箱庭のイメージ
（35回目の面接中の三度目の箱庭）

を決め、理想的な友人関係にも、そして彼女自身にも幻滅して、孤独で孤立していると感じていた。囲まれた境界内の2つの人型は、エレーンが他の人との愛着や親密なつながりを切望していることの内的な象徴的表現だった。これは面接の中でセラピストにも転移された。その切望は、彼女がお腹の中にいる間、母の子宮内で中絶の意図に反してもがいていた頃から彼女の中にあった、生前の衝動でもあるのかもしれない。

　母親が彼女を中絶しようとしたというエレーンの語りから、彼女は見捨てられ、拒絶されるという彼女の傷のより深い層に触れるのを恐れているのだろう、と筆者は理解した。心理療法の経過中に展開される無意識的なものに直面することへの不安が、彼女をセラピーの終結に駆り立てたのだろう。このように繰り返されるセラピストからの分離は、セラピーの「中絶」のように思われ、セラピストにも、見捨てられ、拒絶される痛みを感じる、という逆転移をもたらした。

　中国語の文字は、その形や輪郭がイメージに基づくものであるため、筆者は直感的に写真1に似ている文字をいくつか見つけられるかもしれないと思い、『康熙字典』で象形文字を探し始めた。写真1についての考察から、筆者は人‘人’と、避難所‘广’もしくはある種の領域‘囗’が重要だと考え、これらの要素を持つ象形文字を探した。そして『康熙字典』の中で、まず人に関する‘人’という部首に、次に、避難所、もしくは領域について‘囗’と‘广’と‘厂’という部首に行きついた。中国語の単語とその意味を辞書で調べる通常のやり方は、写真1に関連する象形文字を探すのにも理にかなった方法だった。このやり方を用いて、筆者は写真1の形、輪郭、配置に似たいくつかの象形文字を見つけた。

　さて、象形文字を探すプロセスは、それらの文字が写真1の作られた背景となるエレーンの心理的な状態に関連があり、意味をもつかどうかを決めるという、重要な局面を迎えた。繰り返される終結に対する筆者の逆転移から、筆者はエレーンの見捨てられる心の痛みや愛着への深い切望を経験した。そこで筆者は『康熙字典』で単語の意味を調べ、ただ関連があるだけでなく、エレーンの心理的な状態をより幅広い見方で筆者に説明してくれる次の3つの文字を見つけた。

A.

 庇

(KZ, p.286　以下『康熙字典』を KZ と表記）

　二人の人が共に避難所の下にいる。これは保護すること（庇護）を表す語である。エレーンの深い自己は、外の環境が敵対的だったために、保護してくれる避難所を探し求めていた。エレーンの中にあるこの安全な保護への切望は、彼女が子宮の中にいたときから存在していたほど根強いものだった。

B.

 席

(KZ, p.274)

　これは、テーブルの上のランチョンマット、もしくはベッドの上の敷物（床席）を表す語である。二人の人は食事、もしくは集会（筵席）のために敷物の上に座っている。この語は、同席することを通した人とのつながり、という意味を伝えている。生まれたときから両親との愛着が非常に弱かったために、エレーンの心は人とのつながりを求めていた。そのため、筆者からの絶え間ない肯定と承認は、まさに筆者たちがより深く分かち合うために共に座る敷物のように、エレーンの自我が成長するための基盤をもつのに必要なものだったと思われる。

C.

(KZ, p.149)

　この文字は、鳥の言葉がわかり、鳥たちが自分についてくるよう誘うことができる人のことを表す（囮者、誘禽鳥也、即今鳥媒也。KZ, p.149）。この象形絵文字は、丸い縁の内側に二人の人がいて、左側の一人はまっすぐ自立しており（人）、右側のもう一人は左側の像がひっくり返った状態であるかのように見える。この文字は以下のものである。

(KZ, p.81)

　この語には、二人の人が存在している、という意味がある。自立した人はひっくり返った人をまっすぐ立った状態に変えようとしており、それは一定の変化や変容を描き出している。「囮」という字は、安全で安定した空間の中で人の変容が起こる、というように理解できるだろう。

　筆者は三度目にエレーンがセラピーに戻ってきたとき、箱庭のイメージからこの囮という字を連想した。この象形文字は筆者に次のような理解をさせた。鳥のように飛んでいるエレーンに、安全な場所に戻ってくるよう繰り返し呼びかけていたのは自己であり、その結果として、後に彼女は日常生活でも、人との親密な関係を築くことに強く影響していた母親コンプレックスに対して耳を傾けることができるようになったのだと。そしてこの理解のおかげで、彼女の繰り返す終結を筆者はより許容できるようになった。

　箱庭のイメージの意味は、保護「庇」、分かち合うこと「席」、変容「囮」

という、三つの異なる中国の象形文字によって拡充された。これらの文字は、この箱庭のイメージの中に隠された自己からのメッセージだった。箱庭のイメージと似た中国の象形古文字の連想から、そのより深い意味が明らかになったことで、筆者はエレーンと関わる際にその様々な意味を自分の振る舞いに反映することができた。

2　描画への理解を豊かにする象形文字

　もう一人のクライエント、エイダ（仮名）の６枚の描画をこの節では取り上げ、心理療法過程の様々な段階で彼女の心に起こっていたことを筆者が理解するために、エイダの描画を象形古文字と結びつけることがどのように役立ったか説明したい。

　筆者のクライエント、エイダは教会での仕事を辞めた後に精神的に衰弱した。仕事を辞めることは、単に働く場所を離れるというだけでなく、理想的な第二の家である教会、理想的な父親像である牧師から目覚めるという意味も持っていた。心理療法の経過中、エイダは彼女の心の奥にある感覚を表すようなイメージを描き出した。

　エイダは心理療法を開始したとき、飼い主が死んでしまって遠吠えしながら泣いている犬のように、家の外で一人迷子になっているようだと彼女自身を言い表した。この状態を図にすると、以下のように表せる。

（図は『漢字樹』からの引用。以下『漢字樹』を HT と表記。HT 1, p.101）

これに相当する中国の象形文字は「喪」である。

(KZ, p.128)

　そのイメージは二つの部分を持つ。上の部分は二つの口によって象徴される、絶え間なく遠吠えしている犬、下の部分は主人の死である。エイダが教会や牧師に置いていた価値は理想化され、彼女の生活の主な中心としての役目を果たしていた。またこれらの価値は、集団の中での彼女の地位や居場所をも確かなものにしていた。しかしそれは今、飼い主の死のように彼女の中で打ち砕かれ、飼い主を失って遠吠えしながらさまよう犬のように彼女は喪失を感じていた。心に浮かんだこのイメージによって、実際にエイダが口にする不平のすべてを、彼女の内にいる居場所を失った孤独な犬の遠吠えとして、筆者は理解することができた。

　関係を作っていく段階で、エイダと筆者の間に次第に信頼関係が築かれてきたとき、エイダは家で描いたという描画（写真2）を筆者に見せた。エイダはこの描画で、頭から離れない多くの問題に不安になって悩まさ

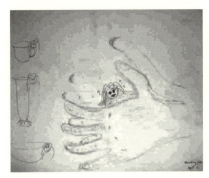

写真2　エイダの描画（84回目の面接での39枚目の描画）

（HT 2, p.241から引用した図）

れているとき、自分は神の両手に包まれているのだ、ということを表した。その描画には、まだ彼女は疑ってはいるものの、筆者や彼女の神から感じられる支えが表現されていた。筆者は'手'という部首を『康熙字典』で調べ、以下の象形文字を見つけた。

その象形文字は「丞」である（KZ, p.4）。

甲骨文字　　　　　金文　　　　　　小篆　　　　　楷書

　二つの手は人を安全な場所にいられるように支えている。その安全な場所は、甲骨文字では洞窟だったが、金文では山に、そして小篆や楷書では完全な平面になった。その語は、悲惨な状態から救われている、という意味を強く伝えている。この象形文字から、エイダは支えだけでなく、彼女を安全な面に位置づけようとする、彼女の神や自己による救済をも感じているのだろう、と筆者は思った。

　エイダは描画で、延ばされた神の手によって受け入れられる感覚を表現した（写真3）。その受容はセラピストによってもたらされたもので、描画には二人の間の関係性が描かれていた。筆者は参考のために用いていた

写真3　エイダの描画（84回目の面接中での41枚目の描画）　　　（HT 1 , p.78から引用した図）

『漢字樹』で二人の人の関係性を説明する語を調べ、この字を見つけた。
その中国の象形文字は「迎」である。

(KZ, p.1237)

　二人の人は道を歩いている。彼らは出会い、右側の人は左側の人に挨拶するためにひざまずく。すると左側の人は右側の人を歓迎し、受け入れようと手を伸ばす。その象形文字では、一人がもう一人を歓迎する、という意味が強調されている。筆者たちの関係性において必要な信頼を育てるためには、筆者は受容的なあり方でエイダに歓迎しているという態度を示すことが不可欠なのだと思った。

　写真4の描画には、エイダが他の人と一緒に植物の成長を見守る様子が描かれていた。花がつぼみをつけるように彼女の内面も成長していると、実際に彼女がセラピストの前で喜んでいることが表されていた。描画の中で、筆者は日差しのもとに並んで立っている二人の人が目についた。そこでその描画に似ている字を探すため、太陽'日'という部首、または'立'という部首に至り、以下の字を見つけた。

写真4　エイダの描画（86回目の面接中での53枚目の描画）

（HT 1, p.149から引用した図）

その中国の象形文字は「普」である。

(KZ, p.442)

　二人の人は昇ってくる、もしくは沈んでいく太陽を見るために一緒に立っている。太陽は地球上のすべての生き物の上に輝いている。太陽の下、自然の中で他の生き物と共存するという当たり前の幸福感がその象形文字によって伝えられた。筆者はその字から、エイダは彼女の内なる成長を促すことができる筆者たちの時間をともに楽しんでいるのだろう、と思った。エイダが他者やセラピストから愛されているということを、救われること、歓迎されること、調和的に共存することを通して経験するのだと、筆者は3つの象形文字によって理解できた。エイダの愛されているという感覚は、キリスト教の信仰によって神の愛へ変えられていたが、それは自我－自己軸となり、彼女の自我が変容するための基盤になった。
　エイダは、まだほとんど自覚はできない段階で彼女の影に直面したとき、彼女らしさが現れた絵を描いた（写真5）。

写真5　エイダの描画（111回目の面接中での128枚目の描画）

（HT１, p.100から引用した図）

この描画は、母と兄による虐待からエイダがどのように性に深い外傷を経験したかを表していた。そこには彼女が囚われていた「私は損なわれた標準以下のもの、私は壊されたもの、私は粗悪で拒絶される」という確信が示されていた。これらすべての自分に対する確信が、彼女を失敗や恐怖の海に溺れているように感じさせていた。エイダの自我は、まだこの時は空っぽだった内なる子どもという真の自己イメージを扱わなければならなかった。描画の中で三人の人の下に描かれた水の流れから、筆者は'水''亡''川'という部首を調べ、エイダの描画と似ているかもしれないこの字を見つけた。

その中国の象形文字は「㤀」である。

(KZ, p.265)

その字の上の部分は死、下の部分は大きな川で、大量の水が至る所に溢れ、死と災害を引き起こすことを意味している。筆者はその文字と描画を結びつけてじっくり眺めていたとき、エイダの心に溢れ出し、氾濫の中で死を引き起こした、圧倒するほどの大量の水の存在を感じた。エイダの人格のいくつかの側面は死にかけていたが、明らかな一つの死は、彼女が理想的な自己イメージを捨て、仮面から手を離したことだった。彼女の内なる子どもの顔は空っぽで、それは発展させてもらえるのを待っていた。

写真6の描画はエイダが水に溶け込んだ状態から回復したことを表していた。彼女は地面に立ち、メガネを外して自分の右側を見ていた。右側は意識と関係する側面である。現実を新しい見方で探求し、再検討する準備が彼女にはできていることを、エイダの心は表現したのかもしれない。

写真6 エイダの描画（115回　　（HT1, p.134から引用した図）
目の面接中での142枚目の描画）

　筆者は再び'人'という部首を『康煕字典』で探し、その描画については以下の字を見つけた。
　その中国の象形文字は「企」である。

(KZ, p.19)

　その字の上半分は人、下半分は停止、つまりじっとある場所にとどまって立つことである。一人の人がその場にとどまり、爪先立ちをしながら見ている。その語は予期（企盼）、期待（企望）、意図（企図）という意味を伝える。筆者はその文字と描画を結びつけることで、エイダが新しい見方でより明確な自分の意味を見いだすことを望んでおり、内と外の両側で期待をもってそれを探求しようとしている、と理解した。
　エイダは写真7の描画で、しっかりと立ち、自分の好きなように凧を飛ばしている彼女自身を描いた。人が地面にまっすぐ立っていることは明ら

クライエントが表現した作品と中国の象形古文字を関連づけることの臨床的意味 | 157

写真7　エイダの描画（145回目の面接中での118枚目の描画）　　　（HT 1 , p.149から引用した図）

かだと考え、筆者は'人'という部首を調べたが、最終的に'立'という部首からその語を見つけた。

　その中国の象形文字は「立」である。

(KZ, p.833)

　その語はまっすぐに立つ、自分の足で立ち続ける、という意味を伝えている。大量の水が溢れ、死が引き起こされた後も、エイダは最後まで彼女自身をとどまらせ、まっすぐに立ち続けた——つまり、エイダの心の内で再生が起こったことを、その描画は表しているのかもしれない。私的な時間に彼女の内にある感覚を描き出していく中で、この再生はエイダの意識のもっとも深い層で起こった。彼女が対人関係の中で他者に立ち向かうことは、そのずっと後に実現された。

3 結論と考察

　上述の例からは、中国の象形古文字と文化的背景におけるその字の慣用法が、クライエントの表現した作品への理解を豊かにすることが示された。それらはクライエントの個人的なレベルよりもさらに豊かな意味をもつ、集合的で文化的なレベルのものを含んでいる。クライエントが表現した作品と似ている様々な象形文字は、筆者が一つのイメージをめぐってクライエントの心の状態を明らかにするのを助けた。

　筆者の発見には、クライエントのイメージと中国の象形文字との関連づけを可能にした、中国語の知識が不可欠だったように思う。部首を使って辞書を引く方法を知っていることも、中国語の文字を突き止めるためにはより有効だろう。面接中、中国語の文字は描画や箱庭とすぐには結びつかなかった。心理療法が進む中で、何かが損なわれている感じがしていたとき、もしくは起こっていることをもっと十分に理解したいと感じていたときに、そのつながりが筆者の意識に上ったのだ。何かが損なわれているという感覚は、筆者をより深く探求するように駆り立て、気づくと筆者は豊かな文化的遺産を徹底的に調べていた。そのとき何がどのように起こったのかを説明しなければ、他の人は理解できないだろうし、説明してみてもまだ完全にはわからないかもしれない。この方法には、まだ充分にはわからない未知の事柄が含まれている。

　どちらのクライエントも、歴史の中で一時、すべての中国人に広く用いられていた古代の文字と、自分が似たイメージを作っているとはわかっていなかった。筆者の事例で見られたように、クライエントの表現した作品と象形文字の間には関連があると思われることから、集合的無意識から生じた象形文字には、クライエントが個性化過程を進むための自己による導きが隠されている、と解釈できるだろうというのが筆者の仮説である。もし筆者の仮説が他のセラピストの臨床経験からも正しいと証明されるなら、この現象は中国の象形古文字に影響を受けた、日本や韓国のような文化に

も広がる可能性がある。事実、これら二つの文化は、現在中国で使われているものよりも、より古代の中国語の文字を使い続けているのだから。もしそうであるなら、イメージや想像力に富んでいる中国の象形古文字は、文化的モチーフを含む元型的な象徴として、新たに発展させることができるかもしれない。

付記：本論文の原文は、「臨床ユング心理学研究」第2巻第1号に掲載される。

文 献

Jung, C. G. (1921). On Definitions in Psychological Types. *CW* 6. Princeton, NJ: Princeton University Press.（林道義（訳）(1987). タイプ論　みすず書房　pp.447-448）

Jung, C. G. (1960). The Structure and Dynamics of the Psyche. *CW* 8. Princeton, NJ: Princeton University Press.（名取琢自訳）

廖文豪 (2012-2014). 漢字樹　1〜3　台北：遠流出版社

康熙字典　康熙五十五年版　標點整理本　上海：上海辞書出版社, 2008

（2015年9月28日受稿　2016年2月18日受理）

● **要約**

　筆者の仮説は、集合的無意識から生じた元型的な象徴として中国の象形文字を用いることで、自己による導きが明らかになるのではないかというものである。本論文では、クライエントが表現した作品——箱庭や描画と中国の象形文字との関連を示すために、臨床事例を用いる。中国の象形文字を用いることで、クライエントが表現した作品をより広く文化的な枠組みから解釈することができ、クライエントの分析過程も促進される。中国の象形文字は、この文化的要素から影響を受けた中国や日本、韓国のような国の人々の間で、元型的な象徴として用いることができるのではないかと著者は提唱する。

　キーワード：中国の象形文字、元型的象徴、東洋文化

印象記

日本ユング心理学会第4回大会印象記

北原知典
専修大学心理教育相談室

　今回の大会はプレコングレスにマルゴット・マクリーン先生、マーマー・ブレイクスリー先生、ケース・シンポジウムでは、東アジア（台湾、中国、韓国）で活躍されているユング派の心理療法家の先生方が事例発表および指定討論を行うなど国際色豊かであり、普段とは異なる刺激を受けた大会であった。

　中でもプレコングレスは、「元型心理学と死：ジェイムズ・ヒルマン、樋口和彦、両先生を偲んで」というテーマのもと、「死」と静かに向き合うヒルマン博士、そして芸術家として共に「死」に向き合い、作品として形にしていくマルゴット・マクリーン先生（ヒルマン夫人）、マーマー・ブレイクスリー先生の姿が映像の中に映し出されていた。ヒルマン博士が「言葉」を通して、マクリーン先生がその時々にインスピレーションを受けた材料をもとに作品を作るなど「芸術」を通して「死」に向き合い、表現しようとする様子は、個人作業のようでありながら深いところでの共同作業となっているのが感じられ印象的であった。

　映像やお二人の語り口は穏やかであり、自分の中に（会場でも話題になったような気もするが）堀辰雄の『風立ちぬ』の静寂さを思い起こさせた。『風立ちぬ』ではサナトリウムという閉鎖的な場所で主人公と恋人である節子が静かに相手をいたわり、共に生きる姿が描かれているが、堀辰雄は実際に婚約者である矢野綾子とのサナトリウムでの共同生活、婚約者の死を体験しており、その体験がこの小説のもとになっていると言われている。『風立ちぬ』はガラス細工のような繊細なタッチで、時々光の加減でガラ

スから透けて見える「死」に脅かされながらも、今の幸せを生きる二人の姿が描写されている。

　ヒルマン博士とマクリーン先生の関わりにも『風立ちぬ』と同様に何とも言えぬ静寂さやガラス細工のような繊細さを感じるが、お二人の共同作業は「死」に向き合い、理解しようとし、形を与えようとする（形になるのを待つと言ってもよいのかもしれないが）意識というか意志のようなものが強く感じられ、感銘を受けた。

　また、映像の中にはヒルマン博士と語り合う樋口和彦先生の姿も登場し、とても懐かしく感じられた。

　私事になるが、筆者は大学選択の際、社会福祉学科のある学校を選択し、将来、児童養護施設の指導員になるのであろうと漠然と思いながら大学生活を過ごしていた。そんな生活の中、「臨床心理学」というベクトルを自分に与えてくれたのが、樋口先生が創始されたファンタジー・グループでのヌミノースとも言うべき体験であった。この体験の後、筆者はこれまでにないほどに内的に混乱し、この体験を何とか言葉にしなくてはという欲求から、河合隼雄先生の著書を読みふけった。

　樋口和彦先生とはその後、関西セミナーハウスや山王教育研究所で行われたファンタジー・グループにて、メンバーとして、時にスタッフとしてお会いする機会を得た。スタッフミーティングの後、お酒を飲みながらファンタジー・グループについて語られた際、「準備」「水汲み」「世話人」などスタッフの仕事一つ一つに『○○道』という道があり、極めるものがあるとグループの奥深さを教えていただいた。

　今振り返ると、ファンタジー・グループでの体験は、自分の中にある意識ではコントロールできない他者の存在（無意識）を初めて意識した体験であり、スタッフとして「道」を意識しながら「水汲み」などの修業を積んだ体験は、気づくと遊戯療法において子どもの遊びを見守る時や面接において枠を作る時に感覚的に思い出すなど、自分の臨床の中に今も息づき、根づいている。

　シンポジウムで東アジア地域のユング派の心理療法家の先生方が参加していることを見ても、樋口和彦先生が東アジアにて、日本にて撒かれた種

は着実に根づき、実を結ぼうとしていることを感じた。

　研究発表Aでは、不安や自己意識の確立をテーマとする、思春期前期男子の事例発表に参加した。一般的に思春期前期というと、性に気づき、男の子として、女の子として自立していくテーマを思い浮かべる。しかし、指定討論者の岩宮恵子先生は、男子の中にある「フェミニン」の課題、男の子がセラピストの中に存在する女の子と出会うことで、男の子になっていく過程に注目されていたのが印象的であった。また、その背景として、10歳を通過していない（男の子と出会っていない）母親のテーマが存在していることも指摘されていた。

　最近、親面接（特に男子を持つ母親の面接）をしていると思うことであるが、子どもへの対応も普通であり、子どものために面接に欠かさず来るなど、子どもの問題に寄り添っているように見えるのだが、どこか子どもにコミットしておらず、関係が希薄に見える母親と出会うことが多くなった。

　一昔前は、「自分が悪い」という罪悪感を訴える母親が多く、この罪悪感を子どもの問題と切り離していくことで変化していくケースが多かった気がするが、前述したタイプは、切り離しても展開せず、逆に子どもにコミットさせる方向で進めると展開するなど、今までとは異なる理解が必要になると感じていた。その点、岩宮先生の捉え方は深く、目の前にいるクライエントのリアルを感じ取る中で生まれた発言であり、今後の母親面接に限らず、今後の面接を行う上でのヒントをいただいたような気がした。

　研究発表Bでは、主体性がなかなか立ち上がらない成人男性の事例を拝聴した。面接場面で語られる夢もいわゆる神経症圏の人とは違い、興味深かったが、一番印象的であったのは、面接の中心が「診察券を受付に出すという行為ができないクライエント」と「出すように言い続けるセラピスト」のやりとりとなっていたことである。指定討論者の河合俊雄先生によれば、このケースの場合、「診察券」もしくは「診察券を出す」という具体的なものに集約させ続けることで、かろうじて主体のようなものが形成されるクライエントではないかと指摘していた。

　発達障害の面接については、書物や研修、実際の面接等で勉強してきた

つもりであったが、「診察券」に集約させ続けていかないと主体性がぶれてしまい形にならないという解説に、臨床の難しさを改めて痛感した。

　振り返ると自分の原点を振り返ったり、新しい刺激も受けられ、実り多い大会であったことに気づく。最後にこうした機会を与えていただいた大会関係者の皆様に感謝の意を示したいと思う。

国際箱庭療法学会第23回大会印象記

鈴木康広
佛教大学教育学部臨床心理学科

　国際箱庭療法学会（International Society for Sandplay Therapy、以下ISST）の第23回大会が、2015年8月6日（木）から10日（月）まで、カナダの首都オタワにて開催された。会場はカナダの国会議事堂にほど近い、運河沿いにある近代的なコンベンションセンターであった。二年に一回開催される大会が、ヨーロッパを離れて久しぶりに北アメリカ大陸のカナダに戻ってきた。大会テーマは「岐路で定点を見つけること（Finding the Still Point at the Crossroads）」であったが、学会自体が「岐路」に置かれており、今後の方向性を模索する内容であったとの感を強くした。

　はじめにISSTの設立の経緯を記しておきたい。ドラ・カルフの子息のマーチン・カルフ博士によると、"箱庭療法がさまざまな国で定着したあと、ドラは何年か後にそれぞれの国の箱庭療法の代表者で彼女と懇意な人物を、交換留学して、研究するために一年間、（彼女の住居である）ツォリコンへ招待しました。これらのグループから、1985年に「国際箱庭療法学会」（ISST）が出来上がったのです"ということである。その創立者グループには、日本から故樋口和彦先生、故河合隼雄先生と山中康裕先生が加わっていた。1987年には「日本箱庭療法学会（JAST）」も設立された。山中先生によると、"学会を設立するまでに20年の歳月をおいたのも（河合）教授の深い知恵によるものであった"。

　これは、スイスにおいても日本においても言えることであろう。この間、ドラ・カルフは数回来日しており、箱庭療法を日本へ伝道すると同時に、日本からも学んでいたようである。ドラが「母子一体性」という関係性を

基盤に、「象徴」の「解釈」を重視したのに対し、河合が「布置」という関係性にコミットし、「解釈せず」に「物語性」を尊重したことなどに、大いに影響を受けた、と言われている。上記1985年のISST設立時に、学会の名称を"Hakoniwa" Therapyにしようとドラが提案し、河合に窘められた、というエピソードもこのあたりの事情を裏づけているのではあるまいか。

設立以来、創立者グループのみならず、ユング研究所への日本人留学生やドラの研究所に留学した日本人も含めて、ISSTは日本人心理療法家と深い関わりをもってきた。私事になるが、筆者もスイスのユング研究所への留学中に、2006年の夏期集中訓練プログラム（オランダ）、2007年の第19回大会（イギリス）からISSTの大会に参加するようになり、常任理事（Board Member）ほか各国のメンバー・同僚たちとの知己を得ることになった。2009年の第20回大会が京都で行われたのは記憶に新しい。2011年の第21回大会はスイスで、2013年の第22回大会はイタリアで行われた。

さて、本題である大会の印象記に話を戻したい。

8月5日の大会前日には、初めての試みとして、ISSTの指導教員（訓練分析家）（Teaching Member, 以下TM）のみの集まりであるプレカンファレンス（Celebrating and Exploring Our Unique Roles as ISST Teachers）が開かれた。ISST正会員になるための訓練条件が厳格化され、ガイドラインが規格化される中で、その訓練を指導するTMの役割・独自性について、テーブルごとの小グループに分かれて忌憚のない意見が交換された。筆者のグループには、筆者も含めてイタリア、ドイツなどの医師が多かったが、熱のこもった討論で凝集性が高まり、良いウォーミングアップになった。

夕方には会議場の吹き抜けのロビーにてオープニングレセプションがあり、中国や台湾の同僚たちと温かい意見交換を行うことができた。こうした民間の草の根の交流の積み重ねが、政治状況とは関わりなく大事であると再認識させられた。

8月6日の大会初日の午前中はプレナリーセッションの全体講演と事例検討のセミナーに参加した。前者はBrenda Weinberg, Ph.D., CAST（カナダ）による"'The Still Point-That is Where the Dance Is' –with a nod to T. S.

Eliot"（「定点」にこそダンスがある―― T. S. Eliot に寄せて）と題した理論的な講演で、仏教や神秘主義、文学、音楽、芸術、代替医療や深層心理学などさまざまな分野で、箱庭療法と共通する創造性（癒しと変容）があることに気づくよう促すものであり、大会全体に対するイントロダクションであったように感じた。後者は児童精神科医 Alexander von Gontard, M.D., DGST（ドイツ）による "Buddhism and Sandplay Therapy in Children and Adolescents（児童思春期における仏教と箱庭療法）" と題された三例の事例提示であった。仏教の宗教背景をもつ12歳の事例が、キリスト教など別の背景をもつ他の二事例とは対照的に、仏教的なスピリチュアリティとの関連性があることを、作られた箱庭作品の中で提示した。日本人からすると、仏教理解が表層的なのが残念であったが、両者はいずれも東洋思想や仏教に関心をもち、それらを西洋思想とは違ったオルターナティブなもの、スピリチュアルなものとして捉える観点からの発表であった。「こころの深層」を扱っていけば、集合的（普遍的）無意識として、我々日本人と共通するものが出てくるのは当然ではあるが、この点に我々日本人心理療法家が貢献できる余地があるのではないかと思われた。

　8月6日の午後にはセミナーで筆者自身が事例を提示した。英語の語学能力の点からやや心配していたが、フロアからの活発な質疑応答も行われ、実り多きものであった。箱庭療法本来のイメージのもつ力が、言語を超えて大いに共有された貴重な体験であった。

　8月7日の大会2日目の午前のプレナリーセッションの全体講演は、京都文教大学教授の名取琢自氏による "Motif of 'Michi-Yuki' (Road-Going), Crossroad and Dissociative State of Consciousness（「道行（みちゆき）」のモチーフと岐路と意識の解離状態）" であった。近松門左衛門の『曽根崎心中』の文楽の映像や宮沢賢治の『銀河鉄道の夜』のアニメの映像などを効果的に用いて、シンボリックに「旅する」こと、「道行（みちゆき）」、その不可避の運命の諦観と無力感を示した。さらには事例を提示して、クライエントとセラピストが「人生ゲーム」の「道」を双六のコマのように、共同で作り上げるさまは、聴衆に感動をもって受けとめられていた。シンボルが臨床の中で生かされた見事な例であった。

同日の夕方は、ISST 会長である精神科医 Alexander Esterhuyzen の全体講演 "Finding the Still point at the Crossroads: Moments of Initiation in the Life of Individuals and Organizations（岐路で定点を見つけること：個人と学会の成長過程におけるイニシエーションの時）" に参加した。内容は演題通りのものであった。「岐路」とは変化のポイントとしてのイニシエーション・通過儀礼を意味し、それは個人のライフサイクルにも組織・学会のプロセスにも言えることではないか、という指摘であった。彼曰く、ISST は「岐路」にある。我々は次のステージへ通過していける・イニシエートしていける「定点」を見つけることができるだろうか。彼自身への問いかけであると同時に、参加者全員への問いかけでもあるだろう。そのことが今後の ISST のあり方を形造っていくのではなかろうか。

　筆者個人の感想としては、彼のプレゼンテーションはいわゆる「綺麗な写真」をパワーポイントで映し出して、そつのないものであった。ただ、「臨床のどろどろした素材」は少なかった。綺麗な理論的な発表よりも、臨床の事例の中にこそ真実や手がかりがあるように思われる。「足元を見定める」とすれば、臨床事例の中にこそあるように思われるのである。

　日本で他の用事があったため、翌日帰国せざるを得なかったため、残りの日程については参加していないので実態は分からないが、スケジュールと事実のみ列挙しておく。

　中日の8月8日には総会（General Assembly, GA）があり、ISST の副会長三人のうち一人はアジアからということで、前 JAST 理事長の岡田康伸氏が選出された。その後、リフレッシュのための市内見物の小旅行（excursion）と晩餐会（gala dinner）があった。8月9日、8月10日にも講演・分科会のプログラムが続き、終了時には参加者一人ひとりが一つずつ持参したミニチュアをそれぞれ交換するセレモニーが行われたとのことである。

　大会の前半部分しか参加できなかったので、全体の報告にはなっていないし、かなり主観的な感想を書かせて頂いた。一個人の私的な印象記としてご寛恕願いたい。本稿をきっかけに ISST に関心を寄せていただき、ISST のメンバーが少しでも増えれば幸いであることを記し、結びとしたい。

注

1 Kalff, D. M. (1966). *Sandspiel: Seine therapeutische Wirkung auf die Psyche*. Zürich und Stuttgart: Rascher Verlag.（山中康裕（監訳）(1999). カルフ箱庭療法　新版　誠信書房　pp.172-175, pp.187-192.）

第 4 回 IAAP ／ IAJS ジョイント・カンファレンス印象記

田中康裕
京都大学大学院教育学研究科

　第 4 回 IAAP／IAJS ジョイント・カンファレンスが2015年 7 月 9 日（木）から12日（日）まで、アメリカ合衆国コネティカット州ニューヘイブンにあるイェール大学で開催された。
　IAAP は、以前にも本誌で紹介した通り（第 6 巻，p.139参照）、国際分析心理学会（International Association for Analytical Psychology）の略称であり、IAJS は国際ユング学会（International Association for Jungian Studies）の略称である。前者は、ユング派分析家資格をもつ者だけに入会が認められるが、後者にはそのような限定はなく、各会員の専門領域も、心理学や精神医学のみならず、哲学、宗教学、文学、歴史学等々、多岐にわたる。両学会は現在、臨床家と非臨床家の別を超えて、ユング心理学、あるいはユング思想を専門とする者が集う学術団体として協同関係にあり、定期的にこのようなジョイント・カンファレンスが開催されている（先回は、これもまた本誌で紹介された通り〔第 5 巻，p.171参照〕、ポルトガルのブラガで2012年 7 月に開催された）。
　また、会場となったイェール大学は、世界有数の名門大学であることは周知の通りだが、1909年にフロイトとともに講演に招かれたクラーク大学、1913年に単身で講義（「精神分析の理論」として全集 4 巻所収）を行ったフォーダム大学と並んで、ユングに深い所縁のある大学の一つで、1937年に「心理学と宗教」が講じられたことでも有名である。この講義は、テリー財団がスポンサーとなって開催していた「科学と哲学の観点から見た宗教に関する講義」と題されたシリーズの第15回目として企画されたもので、

もともとは英語で書かれたものだが、後にドイツ語に翻訳され、全集11巻の巻頭に収められている。

このような背景をもつ今回のカンファレンスのテーマは、「こころ、精神、そして科学：現代における社会的・文化的な問題との折衝（Psyche, Spirit and Science: Negotiating Contemporary Social and Cultural Concerns）」であり、筆者は日本での仕事の都合で聞き逃したが、基調講演は、George Hogensonによる「『チベット死者の書は作業を欲している』チベット死者の書へのユングの注釈と深き無意識の現象学（"The Tibetan Book of the Dead Needs Work" Jung's commentary on the Bardo Thödol and the phenomenology of the deep unconscious）」であった。

10日（金）午前の全体セッションでは、河合俊雄が「ユング心理学と華厳仏教における超越の喪失と回復（Loss and recovery of transcendence in Jungian psychology and Hua-Yen School of Buddhism）」と題した発表を行った。『赤の書』においてユングが試みたのは、15歳時の聖餐式の際に喪失した超越的な次元との接触の回復であり、その在り方の特徴は、「試練」にある「聞け。私は無から説き起こそう。無は充溢と等しい」から始まるフィレモンの死者への語らいによく示されている。さらに、そのような〈無〉はもはや単に否定的な無ではなく、創造的な無とでも言うべきものであり、その点においては、華厳経との共通性が見出しうるが、ユングが深層を探索し、結合を指向するために象徴を用いたのに対して、華厳経では逆に、すでに分化した状態から離れ、未分化な〈無〉の状態に至ろうとする点では、両者は異なっていることも指摘された。古典的なユング派においては、「超越」を象徴的に理解しようとする傾向が強いが、現代における「超越」の契機はそのような象徴や意味の次元では捉え難い。この点においても、一つの論理として華厳経を心理学的に読み解くことは、現代における心理療法においても意義深いことと思われた。

もう一つ、11日（土）午前の全体セッションから、Craig E. Stephensonの「ジェラール・ド・ネルヴァルに対するユングの見解：チューリッヒ心理学クラブにおける1945年の未公刊の講義録（Jung on Gérard de Nerval: Notes on the unpublished 1945 Lecture to the Psychological Club of Zürich）」

と題した発表を紹介したい。ジェラール・ド・ネルヴァル（1808-1855）は、邦訳もすでに多数あるが、19世紀フランスのロマン主義の詩人である。この1945年の講義は、ネルヴァルの『オーレリア』を取り上げたものだが、それが行われたのは、ユングが瀕死の病から奇跡的に生還した後のことであった。「夢はもうひとつの生である」という一文で始まるこの作品は、批評家の松岡正剛が「超越的で、フランス的な複式夢幻能」と評したように、当時実生活では精神病状態にあったネルヴァルが作品中でも夢と現の境を絶えず往来する「形式」で書き上げたものであり、このことを考えあわせると、自身も直近に生死の境を彷徨う体験をしたユングが、このようなネルヴァルの創作活動に非常な共感を示したことはよく理解できる。このような二つの世界が相互浸透するさまは、確固たる境界をもった近代西欧における二世界的な世界観から見れば、単に病的なものとみなされる可能性もあるが、そうではなく、そこには、現代的なこころの在り方や新しい世界観への開けも隠されているのではないかと思われた。

　土曜日午後の分科会では、筆者も「今日における『ユビキタス』な自己意識と心理学的インフラストラクチュアの喪失（The loss of psychological infra-structure in the "ubiquitous" self-consciousness of our times)」と題した発表を行った。同じ分科会では、リストニアの Gražina Gudaitė とベネズエラの Pablo Raydán も、夢を含めた臨床事例の発表を行ったが、政治的・社会的に過酷な状況下でクライエントたちが見る夢がしっかりとした心理学的構造をもっているのに対して、そのような状況にはない、いわば「平和」な日本で筆者が会っている発達障害圏のクライエントたちの夢や箱庭にはそのような構造が見られないことが非常に印象的であった。このような意味でも、われわれ人間の内的世界とわれわれを取り囲む外的世界は互いに影響し合いながら、その進む方向性を定めているのだろう。

　また、土曜日午後のもう一つの時間帯の分科会では、日本人3名が発表を行い、筆者が司会をつとめた。畑中千紘の発表は「個人の境界喪失と自己再生産の時代におけるユング派心理療法の変容（Transformation of Jungian psychotherapy in the age of the loss of individual boundary and self-reproduction）」と題されたもので、ソーシャルネットワークに見られる時

代的変化やいくつかの今日的な小説、さらには自身の臨床事例を素材として、現代日本におけるこころの在り方やそれに対応する心理療法の変容可能性が論じられた。山愛美の「宗教的体験としての災害：日本人のこころにおける新しい主体の確立（Disaster as a Religious Experience: Establishing a New Subject in the Japanese Psyche）」と中村このゆの「セーラームーンと女性性イメージと社会的ステータスをもった少女たち（Sailor Moon and girls with their feminine images and social status）」も、日本人のこころの在り方の時代性や特異性について論じたものであり、フロアからも質問やコメントが寄せられた。

　Negotiating Contemporary Social and Cultural Concerns という副題に見られるように、われわれには、新しいものを拒否し、古き良き時代に戻る道はない。ただ、新しいと思っているものの中に、意外に古いものの残滓や骨組みが発見されることはよくあることであり、その意味においても、われわれ心理療法家は、自分の理解しやすい形に変えることなく、眼前のものにありのままに向き合う努力を続けなければならない、そのような感を改めて強くしたカンファレンスであった（このようなジョイント・カンファレンスを IAJS サイドでリードし、今回もプログラム共同委員長をつとめていた Don Fredericksen が2015年5月に亡くなり、会期中の土曜日の昼休みには、彼の功績を偲ぶ集まりももたれた。謹んで故人の冥福をお祈りしたい）。

文献案内

夢に関するユング心理学の基礎文献

川嵜克哲
学習院大学

　周知のように、ユング心理学にとって夢（分析）は理論的にも実践的にも中核をなしている。それゆえ、ユング派のトレーニングプログラムにおいても夢は重要な位置を占めている。たとえば、チューリッヒのユング研究所では、そもそも正式な研究生になるにあたって、三人の選考委員（Selection Connutee）それぞれのインタビューを受けて、受け入れの承諾を得なければならない。三人のメンバーのうち一人でも反対があれば、研究生となることはできないわけだが、このインタビューにおいては、申請者が見た夢を訊かれ、その解釈を求められることが一般的である。ここで、三人の承諾を得て訓練候補生（Training Candidate）になると、トレーニングが始まるのだが、その中心は個人分析であり、そこでは当然、多くの場合、被分析者が見た夢が検討されることになる。長い時間をかけての個人分析を経て、中間試験に合格すると、資格候補生（Diploma Candidate）となる。中間試験はまさしくユング派資格を取得する道のりの折り返し地点に当たるものであり、8科目によって構成されているが、「夢の心理学」がその一つを占めている。中間試験に合格した後のプログラムの詳細に関しては割愛するが、中心となるのはケースをもつこと、それに関してスーパーヴィジョンを受けること、それからやはり個人分析である。
　このように、ユング心理学においてはその分析家になる入り口から資格を得るまで、あるいは資格を得た後の分析家としての実践においても、夢がきわめて中核的な位置を占めるものとなっている。それゆえ、夢に関する文献も膨大な数になるが、本稿では『子どもの夢』をユング心理学にお

ける夢に関する文献のひとつの基準点とみなし、この書物を理解するにあたっての前提となるであろう文献を必読書としていくつか紹介し、さらに夢に関する理解をより深めていくために有益となるであろう文献にも触れてみたい。

⑴ C・G・ユング『子どもの夢 I , II』（氏原寛他訳，人文書院，1992）

　『子どもの夢』がひとつの基準点となるというのは、この書物が、ユングが自身の著作の中で直接夢をテーマとして扱っている数少ないものの中のひとつであるということ、また、これがセミナーの記録（ユングは1936年から1941年にかけてスイス連邦工科大学で参加者から提示された夢を素材にセミナーを行っている）であり、一つひとつの夢に対して非常に丁寧で詳細な検討が参加者との対話の中で生き生きとなされており、ユングが夢をどのように捉え、分析を実践していたのかがよくわかるからである。さらには、このセミナー記録はユングの死後も長らく非公開であり、中間試験にパスして資格候補生になった者だけが読むことを許されていたという事実がある。つまり、『子どもの夢』は、中間試験を合格できるレベルになってはじめて読んで理解することができる、あるいはそのレベルになったら読むべきであるという、ユング研究所の歴史の中でも制度として基準点になっていたわけである。それゆえ、この書籍をユング派の観点からの夢に関する理解度を示すひとつの到達点に対応するものとしてここに挙げる次第である。

⑵ C・G・ユング『夢分析 I , II』（入江良平訳，人文書院，2001）

　また、『夢分析』も『子どもの夢』と同じく、ユングのセミナー記録であり、長く非公開であったものである。セミナーが行われた時期は1928年から1930年にかけてで、『子どもの夢』よりも早期であり、また、参加者の規模もより小さい。一人の男性患者の夢がこまやかに検討されており、夢理解のみならず、ユングによる治療経過が最も詳細に報告されている点

でも貴重な記録となっている。内容的には『子どもの夢』と同等の水準なので、それと同列にここに挙げておく。

『子どもの夢』および『夢分析』をひとつの基準点・到達点とみなし、そこに至るまでに読んでおくとよい文献として、まずユング自身の夢に関する書籍を挙げておこう。

⑶ C・G・ユング『分析心理学』（小川捷之訳，みすず書房，1976）

この書籍は、1935年にタヴィストック・クリニックに招待されたユングが5回かけて行った一連のレクチャー記録である。「心理学の基礎概念：C・G・ユングの五つの講義報告」という当初つけられていたタイトルが示すように、ユング自らが分析心理学の基礎的理論を平易に講義している。ユングとフロイトの無意識に対する考え方の差異、コンプレックス、元型、転移などについてユングの考えが述べられているが、その際に夢の事例が取り上げられており、これら諸概念を、夢を通して、あるいは逆に、ユングの諸概念から夢を理解することができる。

⑷ C・G・ユング『心理学と錬金術Ⅰ，Ⅱ』（池田紘一他訳，人文書院，1976）

ユング心理学にとって、ヨーロッパ中世の錬金術は、個性化過程の参照枠として重要な基盤となっている。この書はその集大成とも言うべき研究であるが、錬金術の諸概念に不案内な読者にはなかなかとっつきにくい面があるであろう。しかし、この書の中で個性化過程（＝錬金術過程）の素材として取り上げられている一連の夢は、個人史的側面をそぎ落として「夢の本質を示すように凝縮されて」いるため、ユングが夢をどのような視点から捉えているかがとてもわかりやすいものとなっている。読者はまずこの部分を読むとよいであろう。

次に、ユング以外の著者による入門的な文献を幾冊か挙げる。

(5) 河合隼雄『ユング心理学入門』（培風館，1967）

　ユング心理学の諸理論、諸概念を平易な文章で過不足なく解説している最良質の入門書。夢分析は単独で成立しているものではなく、他の諸々のユングの理論と緊密に関連している。その意味で、この書の全体を通読した上で、「夢分析」として1章が割かれている第7章を読むと、非常にスムーズにユング派の夢に対する視点に入っていけると思われる。

(6) H・ディークマン『魂の言葉としての夢——ユング心理学の夢分析』（野村美紀子訳，紀伊國屋書店，1988）

　ベルリンのユング派分析家による書物。「夢の演劇的な構造」「客観的段階と主観的段階」「拡充」などの章立てによく示されているように、ユングの考えに忠実に沿った良い意味でオーソドックスな夢の入門書。導入としてお勧めである。

(7) C・A・マイヤー『夢の意味』（河合隼雄監修，河合俊雄訳，創元社，1989）

　著者は、チューリッヒ・ユング研究所の初代所長であり、『子どもの夢』の元原稿の管理を最初にユングから託された人でもある。この書は、夢の生理学的研究や古来の夢理論を丁寧に概観した上で、ユングの夢理論、夢分析の技術について論述している。また、この書の中でも触れられている「インキュベーション」はユング派の夢理論・実践の重要な源泉となっているものである。このテーマに関心がある人は、同じ著者の次の書物を読むとよいだろう。

(8) C・A・マイヤー『夢の治癒力——古代ギリシャの医学と現代の精神分析』（秋山さと子訳，筑摩書房，1986）

インキュベーションとは、聖なる寺院や洞に籠もり、そこで夢をみることで治癒がもたらされる治療システムを指す。古代ギリシャや中世以前の日本など、さまざまな文化でこの現象が見られた。インキュベーションに特徴的なことは、夢そのものが直接的に治癒をもたらすこと、そこに治療者は介在しないことである。これは夢に謙虚に向かい合うことで自発的治癒作用が患者の中でプロセスとして動いていくことを重視するユング派が有する態度の源流をなすものである。この書は、古代におけるこのインキュベーションの様式、過程、その構造と意味や意義を非常に丹念に論述しているものである。

⑼ M-L・フォン・フランツ『夢と死──死の間際に見る夢の分析』（氏原寛訳，人文書院，1987）

ユングの高弟であるフォン・フランツが「死の間際に見る夢」を素材にして夢を考察している書。特異なトピックを扱っている書だと思われるかもしれないが、ユングが重視した人生後半の意味にとって、死は最重要なことがらであり、また象徴的にも「死」は心理療法にとって中核となる概念である。この書では、死にまつわる具体的な夢素材を錬金術の視点から分析しており、先に挙げた『心理学と錬金術』の入門にもなると思われる。

⑽ J・ヘンダーソン『夢と神話の世界──通過儀礼の深層心理学的解明』（河合隼雄他訳，新泉社，1985）

イニシエーションが消滅した近代以降の時代において、それを個人の内面の中でサイコロジカルに体験することを重視するのはユング派のオーソドックスな治療観であると思われる。この書はイニシエーション（元型）を中核にすえて、数多くの夢事例をその視点から分析しており、ユング派の基礎的な夢観、その分析の観点が理解しやすいものとなっている。

夢の文献にかぎらず、書物は読者自身の自分なりの感触で読み進めてい

くことが大事で、それが山頂に至る通常のルートから見れば逸脱していたり、逆行してどうしてこの時期にこんなところにいるのだと思われるようなところにいたりといった、いわゆる難易度順の観点からすれば矛盾したり、それゆえ非効率だったりするのも、それはそれで意味があると思われる。以前、河合隼雄先生がある人を評して「○○さんって要領がいいから、心理療法できないでしょ。心理療法って効率いいのを目指すようには直線的に進むものとはちがうから」と語られたことがあり、筆者の印象に深く残っている。思うに読書も同様で、効率を求めて直線的に要点を押さえていく読み方よりも道草をするように読む方が案外実りが大きいのではないか。ということで、とりあえずは好き勝手に手当たり次第に読めばいいというのが筆者の考えだが、あまりそれを強調すると、「文献案内」という本稿の趣旨に矛盾・逆行するので、一応効率的であろうと思われる順序を示しておく。(5)→(3)(6)→(7)(10)→(4)(8)(9)→(1)(2)の順序で読まれるのがわかりやすいかと思われる。

　さて、既述したようにユング派に限っても夢の文献は膨大にあるわけだが、『子どもの夢』と『夢分析』をとりあえずの到達点のひとつとみなした。ここに至った後のさらなるユング派の夢理論・夢分析実践の書として以下のものを挙げておこう。

(11) J・ヒルマン『夢はよみの国から』（實川幹朗訳，青土社，1998）

　「元型学派」の中でも先鋭的な論客として知られるヒルマンが夢を論じた書物。ポストユンギアンのシャープな視点から夢に関するさまざまな観点が展開していく、刺激的な夢の書である。ただ、「解説」にも記されているように、この書は「異色の心理学者による異色の著作の異色の日本語訳」であり、訳者の強い思い入れから「やまとことば翻訳」という異色の翻訳がなされている。好みの分かれるところであり、訳がどうしてもなじまないと感じられる読者は原書を読むとよいだろう（Hillman, J. (1979). *The Dream and the Underworld*. New York: Harper & Row)。

⑿ 河合隼雄『明恵 夢を生きる』（京都松柏社，1987）

　明恵上人の『夢記』を素材に、河合隼雄が「日本人にとってユングの言う個性化とはなにか」という「私にとって終生の課題」を論じている書物。ここでは、明恵の夢から「華厳的世界」が具現・展開してゆくのがよくわかり、また逆に「華厳的世界」という視点から夢理論が探究されうる可能性が示唆されている。

⒀ W・ギーゲリッヒ『ギーゲリッヒ 夢セミナー』（河合俊雄他訳，創元社，2013）

　著者は現在最もラディカルなユンギアンの一人で、訳者も述べているように、一般的には（かなり難解な）哲学的議論に基づいた理論家として知られている。しかし、この書は2008年に訳者を中心とした日本人メンバーがベルリンに集い、ギーゲリッヒを囲んでの夢セミナーの記録であり、具体的な夢素材に対してギーゲリッヒがどのように夢を捉えていくかが詳細に記載されている点で貴重なものである。そこでは、哲学的に精微な論理で構築された理論的背景を確かに感じさせながらも、夢見手の生育歴や家族関係など「外的」な情報に還元して夢を外側から解釈するのではなく、提示された夢そのものから「徹底して内在的」に夢に関わっていく著者のあり方がよく示されており、その夢の解釈自体はむしろ非常にクリアでわかりやすいものになっている。ユング派という枠を超えて、現在における夢理論、夢分析の実践に関しての到達しうるひとつの水準であり、必読されるべき書物である。

海外文献

北口 雄一

北口分析プラクシス

　今回は、海外文献としてヴォルフガング・ギーゲリッヒ（Wolfgang Giegerich）の"What is Soul?"（Spring Journal Books, 2012）を紹介したい。ギーゲリッヒは、現在ベルリン在住のユング派分析家で、"Animus-Psychologie（アニムス心理学）"（Peter Lang, 1994）、"Der Jungsche Begriff der Neurose（ユングの神経症概念）"（Peter Lang, 1999）をはじめ、多くの著作を世に出しており、英語での全集が現在6巻まで出版されている。上記のドイツ語で書かれた『ユングの神経症概念』以降は、著作は英語でなされており、その中の一つが今回紹介する"What is Soul?"である。

　題名を日本語に訳すと『魂とは何か』となり、「魂」という語から、心霊や占いなど昨今で言うスピリチュアルな内容の本ではないか、という印象を与えるかもしれないが、むしろこの著作がテーマとしていることは、まさにその対極に位置している。

　1997年当時、同様に「魂」が中心テーマである上記の『アニムス心理学』を、一日一日読み進めていたのを知っていた友人から、よく「魂って何？」「北口の研究テーマは魂だよね」と茶化されていたのを思い出すが、しかしここで言う「魂」とは、「こういうものである」と対象化して言えるものでは、残念ながらない。ギーゲリッヒ自身も、"What is Soul?"において数百頁をかけて、この「魂とは何か」を思考し、論究している。なぜ「こういうものだ」と言い表すことができず、なぜ「魂とは何か」を伝えるために数百頁が必要だったのか。

　それは、ここで言われる「魂」とは、（これもギーゲリッヒの著作にお

ける重要な言葉であるが）「実体」ではないからである。この「実体」という言葉がどのような意味で使われているかは、先の段落以降でこの本の内容とともに具体的に紹介しようと思うのだが、先取りして前段落の例を用いて述べると、「心霊」であれば、ギーゲリッヒの言葉で言えば「実体」である。それは、特定の人にしか感じられないものであるにしても、ある人に影響を与えるものとして、そこに「ある」。そうして「ある」（ギーゲリッヒの言葉で言う）「実体」であれば、それを説明し、描写することは、できる人にはできることだろう。また、「魂とは何か」という「知識」への希求がある場合、これを広げて、ある人が「○○療法とは何か」「○○障害とは何か」「○○技法を用いる方法」などの「知識」を求める場合、この「知識」とはギーゲリッヒの言葉で言う「実体」である。物理的実体でなく精神的なものであるとしても、それは役に立つもの、希求されるものとして「ある」。そして、たとえその知識が難解で、理解と習得に時間がかかるものだとしても、「ある」ものであれば、その「知識」を説明し、言い表すのは、できる人にはできることだろう。しかし、ここでテーマとなる「魂」とは、「実体」ではない。

　人である限り、その人生において、何らかの（ここで言う意味での）「実体」に、激しく、どうすることもできずに心を惹かれ、心を奪われるのはまず避けられないことだろう。それは、先の例であれば「知識」にかもしれないし、「心霊」にかもしれない。それが、「承認」である人もいれば、「愛」である人もいる。それは、「ヌミノースなもの」かもしれないし、「自己感」かもしれない。ギーゲリッヒの書くことが非常に興味深く、心理療法的であるのは、このわれわれがどうしようもなく「実体」に惹かれていくことを、"否定"していないことであり、それどころか、それが欠かせないとしているところである。"否定"するのは、むしろ簡単なことである。その求める「実体」が手に入らないから、自分から諦める、それを必死に求めている人を見て、「実体を求めても」とシニカルに"否定"する、これらのように"否定"するのは簡単であるが、そのように"否定"することは、その人の心に沿ったことでもなければ、心理療法的でもない。何かにどうしようもなく惹かれ、それを追うしかないときは、苦しんで、

苦しんで、苦しみ抜く、しかないかもしれない。

　「実体」という言葉の対として、ギーゲリッヒの言う意味での「否定」という言葉がこの著作で重要な言葉として現れるが、この「否定」とは、前段落で挙げた意味での"否定"とは根本的に異なっている。ここからは、この「実体」と、ギーゲリッヒの言う意味における「否定」について、またそれが「魂とは何か」にどうつながっているのかを、具体的にこの著作に沿って紹介したい。

　まず、ギーゲリッヒは西洋の哲学、思想史を遡り、どのように"soul"という語が実体化されるようになったかを論究する。現代の心理学、特に実証主義に基づく心理学では魂という言葉は用いられないように、西洋の歴史において、どのように魂という語が消えたのかを遡ると、バロック時代の頃までは、魂が人間を規定する本質的基盤であったのが、デカルト、スピノザ、ホッブスの時代になると、その時代自身が彼らの思想を通して語ったのは、人間の基盤が（魂ではなく）主体性になったことであり、またロック、ヒュームを通して語ったのは、その基盤が（魂という）超越的概念ではありえなくなったことであった。ルソーに至っては、人間を規定する基盤はもはや、超越性と結びついたカントの意味での理性でもなく、それぞれの人の「感情」となっていた。これは、それ以前は人間を規定するものが宇宙的、形而上学的な真理、つまり魂であったのに対し、それがショーペンハウアーを通して言われるように、個人、もしくは「感情」という「実体」となった、という根本的な転換が生じたことを表している。主体性、「感情」、内面といった「実体」が、人間の中心となったのである。この転換とともに、心理学においても"soul"という語は用いられなくなり、その代わりに科学用語である"psyche"という言葉が、実証主義や操作主義を伴う「実体」として用いられるようになった。その歴史的な実体化への転換の中で、"soul"という言葉を使うのが、ユングでありユング心理学である。「魂」という言葉とともにある心理学は、このような歴史的な転換である「実体化」に対置し、その「実体化」を「否定」している。これが、ギーゲリッヒが、まず論究していることである。この「否定」とは、「実体化」が生じていく現代の時代に背を向けることではない。実証主義的、

操作主義的な「実体化」が生じていく心理学から、目を背けることでもない。そうであれば、先の段落の意味での"否定"と同じであろう。ギーゲリッヒの言う「否定」とは、この時代において「実体化」が生じていくならば、その中で生き、生き抜き、そのただ中から、この「実体化」を見通すことが生まれてくることであり、その意味で、この実体化の契機が「否定」（ヘーゲルの意味における止揚）された、論理的に異なる契機が生じることである。

ユング心理学の根本概念である、ギーゲリッヒの言う「魂」とは、この「実体化」と「否定」とが相対すること、その動きそのもののことであり、それを、ギーゲリッヒは「否定性」と名づけている。

魂について理解しやすい例として、ギーゲリッヒは言葉の「意味」を挙げる。言葉の「意味」は、われわれが生まれる前からすべての人に共有されてあるものであり、「実体」ではなく、われわれの（われわれの内面の）外にあり、客観的で、自律的なものである。この自律性、客観性、外にあること、実体でないこと、つまり否定性が魂である。

しかし、この「意味」は実体をもたない客観的なものであり続けるのではなく、例えば、「意味」が「ある理想」という実体となれば、人を、その理想のために生命を危険にさらすことにまで駆り立てる、「実体」にもなりうる。「魂」は、人を通して現れるときには、まずは「実体化」の道を通るのである。その実体化が、例を挙げれば、戦争であったり、愛であったり、芸術であったり、儀式であったり、文化であったり、心理的な病理であったりする。人間存在や人間社会とは、われわれが「魂」と呼ぶこの活動性が現れる舞台であり、その活動性が生じる場なのである。

つまり、われわれは、実体化されて現れている「魂」と向き合って生きているし、生きるしかない。そのことを理解する例として、ギーゲリッヒが挙げているのが、文字や作品で、例えば、文学や哲学などの書物、音楽の楽譜、教典という「実体」である。これらは、われわれ人間存在を通して、「魂」という活動性が現れた実体であるが、しかし、われわれがそれらを読まなければ、それらと取り組まなければ、それは死んだも同然の実体にすぎない。そして、死んだも同然の実体は、われわれに、読まれるこ

と、意味を理解されること、目覚めさせられることを訴えている。

　それら死んだも同然の実体と、われわれとが出会い、相互に触れ合うときに発する火花こそが、「魂」であり、魂はそれらの接触の間だけ、接触の内にのみ存在し、魂とは、死んだも同然の実体と、われわれ人の心との出会いである。われわれにとって、そのために「実体」は必要不可欠なものであることが分かるだろう。この書物の例に限らず、この火花が放たれるためには、われわれは、自分たちの心が惹きつけられる「実体」と出会い、触れ合い、対峙するしかない、のである。

　「魂」とは、中世の時代までわれわれ人間を取り囲み、人間の生を規定していた超越性であり、われわれが生まれる以前から、われわれすべてに共有されている言葉の意味であり、近代以降では、あらゆる領域において実体化され、現代の人生の中で実体として姿を現しているものであり、さまざまな実体として、われわれを惹きつけてやまないものであり、われわれ人間を通して、さまざまな作品や実体として表れる活動性であり、それだけでは死んだも同然の実体に、われわれが出会い、触れ合うことによって放たれる火花であり、この「実体化」とそれを見通す「否定」とが相対している動きそのものであり、同時にこれらすべてである。

　ギーゲリッヒが、同時に次に述べるのは、見通すという「否定」が心理療法に欠けてはならない、ということである。魂が、人間存在を舞台に生み出す実体が、あまりに印象的であるならば、われわれは容易に、それが「実体」であり、生み出されたものであることを忘れてしまうし、そもそも最初からそのことに気づかず、無意識であることになる。その本物らしさに、われわれは騙されてしまうのである。それが魂によってつくられたものであることに気づくことは、それまで立っていた土台を失うのと同じ体験となるかもしれない。そのため、その「実体」をほんとうに「ある」ものと、われわれが騙され続けなければならないのは、自然なことである。しかし、生み出された「実体」が、魂の活動性によって「生み出された」ものであることが見通されたならば、ギーゲリッヒが言うには、物事の起源や神でさえも生み出されたものであり、生み出された実体という結果物であり、起源ではない。心理療法において、非常に印象的なもの、強い感

情、本物だと明らかなもの（それは、非常に印象的な夢でもありうるが）は、必要不可欠なものである。なくては進めない「実体」である。しかし同時に、それは、「生み出された」ものでもある。心理療法は、「実体」がなくては心理療法でありえないと同時に、それが「生み出された」ものであることに盲目であってはいけない。

　それが、「実体」と「否定」とが相対することである。しかし、同時にギーゲリッヒが言うのは、われわれが、われわれの意識や意志が否定をするのではない、ということである。頭で、分かったように実体から目を背けても、心理療法においてどこにも進めない。その紛れもないほんものに出会い、触れ合い、対峙し、火花が放たれることを通してしか、つまり「実体」と「否定」が相対することを通してしか、魂における、生み出された実体の「否定」は起こりえないのだろう。われわれが意志で行う、一見否定しているかのような行為は、実は大した力をもっていないのである。

　以上、"What is Soul?" の具体的な内容に沿いながら、ギーゲリッヒのこの著作の紹介を行った。最初に書いたように、心理療法について「知識」や「方法」、「解決の道」を求めてこの本を読んでも、それは得られないだろう。それらは、ギーゲリッヒの言葉で言う「実体」だからである。しかし、逆に言えば、苦しさからの「出口」や「知識」を求めて、求めて、必死に読むからこそ、われわれが心を賭けるからこそ、出会いとなり、触れることとなり、そこにこそ火花が放たれるかもしれない。

日本ユング心理学会　機関誌投稿規定

2015年9月30日改訂

日本ユング心理学会は，機関誌として『ユング心理学研究』と『臨床ユング心理学研究』の2種類を発行しています。これらの機関誌に研究論文の投稿を希望される方は，各機関誌の違いを考慮の上，以下の投稿規定にしたがって投稿してください。

Ⅰ　投稿資格
1. 研究論文の投稿資格は，原則として，日本ユング心理学会正会員に限る。

Ⅱ　論文の内容と規定文字数
2. 『ユング心理学研究』は市販される機関誌であり，理論研究，文献研究に基づく研究論文を中心に掲載する。臨床心理学・精神医学の領域に限らず，幅広い領域から，学際的な研究論文も受け入れる。
『臨床ユング心理学研究』は会員にのみ頒布される機関誌であり，臨床事例研究に基づく研究論文を中心に掲載する。
投稿の際は，いずれの機関誌に掲載を希望するか，原稿に明記すること。ただし，内容によっては，編集委員会の判断で，希望通りにならない場合もある。
3. 論文の内容は未公刊のものに限り，分量は16,000字（40字×40行×10枚）を限度とする。図表類はその大きさを本文の分量に換算して，文字数に含めること。原稿の冒頭に，原稿の総文字数を記載すること。

Ⅲ　原稿作成に関する一般的注意
4. 原稿のサイズはA4判とし，1ページあたり40字×40行（1,600字）とすること。
5. 原稿は横書きで，原則として常用漢字・新かなづかいを用い，数字は算用数字を用いること。
6. Th., Cl., SCなどの略語は原則として使用しないこと。ただし，記述が煩瑣になることを避けるために用いる場合などには，初出の際にその略語の意味を明示した上で使用すること。

Ⅳ　プライバシーへの配慮
7. 臨床事例を用い，クライエントに関する情報を記載する場合には，記載する情報は最小限度とし，プライバシーに十分配慮すること。

Ⅴ　外国語の表記
8. 外国の人名，地名などの固有名詞は，原則として原語を用いること。その他の外国語はなるべく訳語を用いるが，外国語を用いる場合は，初出の際，訳語に続けて（　）をつけて示すものとする。

Ⅵ　図表
9. 図や表は，図1，表1などと通し番号をつけ，それぞれに題と内容を記載すること。

Ⅶ　引用
10. 本文中に文献を引用した場合は，引用した箇所を「　」などでくくって明示すると同時に，著者名，刊行年，引用ページを記載すること。
    a）本文中に著者名を記載する場合。
    　　河合（1995）は，「○○○」（p.○）と述べている。
    b）引用の終わりに著者名を記載する場合。
    　　「○○○○○○」（河合，1995，pp.○-○）。
    c）翻訳書の場合は，原書の刊行年と翻訳書の刊行年を，"/"で併記する。
    　　本文中に記載：Jung（1935/1987）引用の終わりに記載：（Jung, 1935/1987）
    d）著者が3名以上いる場合は第1著者名のみを記し，第2著者以降は日本語文献では"他"，外国語文献では"et al."と略記する。

Ⅷ　引用文献

11. 引用文献は，本文の終わりに「文献」の見出しで，著者の姓のアルファベット順に一括して記載すること。

　　a）雑誌の場合：著者名，刊行年，論題，誌名，巻数，号数，掲載ページの順に記す。誌名は，日本語・外国語いずれの場合も，略称は用いない。

　　　日本語例） 横山博（1995）．ユング派の心理療法における転移／逆転移　精神療法，21（3），234-244.

　　　外国語例） Giegerich, W. (1999). The "patriarchal neglect of the feminine principle": A psychological fallacy in Jungian theory. *Harvest*, 45, 7-30.

　　b）単行本の場合：著者名，刊行年，書名，出版社の順に記す。外国語文献の場合は出版社の前に出版地も記載する。編集書の中の特定章の場合は，著者名に続けて，刊行年，章題，編者名，書名，掲載ページ，出版社の順に記す。

　　　日本語例） 赤坂憲雄（1985）．異人論序説　砂子屋書房

　　　外国語例） Hillman, J. (1975). *Re-Visioning Psychology*. New York: Harper & Row.
　　　Bosnak, R. (1997). *Christopher's Dreams: Dreaming and Living with AIDS*. New York: Bantam Dell Publishing Group.（岸本寛史（訳）（2003）．クリストファーの夢——生と死を見つめたHIV者の夢分析　創元社）

　　c）上記とは別に，ユング全集（ドイツ語版，英語版）からの引用については，引用箇所の末尾に，ページ数ではなくパラグラフ数を明記すること（Jung, *GW* 7, par.28　あるいは，Jung, *GW* 7, §28）。

Ⅸ　英文要約

12. 研究論文は，上記のほかに英文要約（100〜175語）と英文キーワード（3つ）を添えて投稿すること。

　　a）英文要約：ABSTRACTとして，英語の論題と氏名・所属に続けて記載すること。

　　b）英文キーワード：Key Words として，英文要約の下に記載すること。

　　c）英文要約の日本語訳（400〜450字）と英文キーワードの日本語訳も添えること。

　　d）英文は英語の専門家の校閲を経ていること。

Ⅹ　特別な費用が必要な場合

13. 論文の掲載に際して，印刷上，特別の費用を要する事情が生じた場合は，投稿者が負担するものとする。

Ⅺ　研究論文の著作権

14. 掲載された研究論文の著作権は日本ユング心理学会に帰属する。当該論文を他の出版物に転載する場合は，日本ユング心理学会の許可を得なければならない。

Ⅻ　投稿論文の提出

15. 投稿論文は，正本1部，副本（正本のコピー）2部の計3部にデータを添えて，下記宛に簡易書留もしくはそれに類する送付手段で提出すること。副本では，氏名・所属，謝辞などを削除すること。

　　日本ユング心理学会 編集委員会
　　〒541-0047　大阪市中央区淡路町4-3-6　株式会社 創元社内

『ユング心理学研究』バックナンバー
第1巻、第2巻のご購入については、下記までお問い合わせください。
一般社団法人日本ユング派分析家協会（AJAJ）事務局
E-mail: infoajaj@circus.ocn.ne.jp　Fax: 075-253-6560

第1巻特別号……日本における分析心理学（2009年3月）

- まえがき　　　　　　　　　　　　　　　　　　　　　　　　　　　　　川戸　圓
- 開会の辞　　　　　　　　　　　　　　　　　　　　　　　　　　　　　樋口和彦

第Ⅰ部　基調講演　　　　　　　　　　　　　　　　　司会・通訳：河合俊雄
- 笑いと沈黙（Laughter and Silence）　　　　　　講師：ジェームズ・ヒルマン

第Ⅱ部　シンポジウム〈日本文化と分析心理学〉　　　　　　　司会：川戸　圓
- 『風土記』から『遠野物語』へ──河合隼雄の昔話論の導きのもとに　　赤坂憲雄
- 河合中空構造論と、権力と脱権力のあわい──トリックスター知の再考　鎌田東二
- 討論：赤坂憲雄 vs. 鎌田東二

第Ⅲ部　シンポジウム〈日本における分析心理学と精神分析学〉　司会：伊藤良子
- 日本における精神分析学──劇的な精神分析　　　　　　　　　　　　　北山　修
- 日本における分析心理学──日本人の意識の多層性、多様性、解離性　　河合俊雄
- 討論：北山　修 vs. 河合俊雄　　　　　　　　　指定討論者：伊藤良子、武野俊弥

- 閉会の辞　　　　　　　　　　　　　　　　　　　　　　　　　　　　　横山　博
- あとがき　　　　　　　　　　　　　　　　　　　　　　　　　　　　　河合俊雄

第2巻……ユングと曼荼羅（2010年3月）

シンポジウム
- 基調講演「ユングと曼荼羅」　　　　　　　　　　　　　　　　　　　　中沢新一
- 討論──基調講演を受けて　　　　　　　　　指定討論者：河合俊雄・川戸　圓

論　文
特別寄稿
- 深層心理学から見た華厳経（HUA YEN CHING）
〔大方広佛華厳経（Buddhavatamsakanama-Maha-Vaipulya-Sutra）〕の宇宙　　山中康裕

研究論文
- 「見えないもの」への名付けとしての〈異人〉──柳田国男の『遠野物語』を手掛かりに
　　　　　　　　　　　　　　　　　　　　　　　　　　　　　　　　　竹中菜苗
- 諏訪大社ミシャグジ儀礼に関する分析心理学的考察──上社大祝即位儀礼について
　　　　　　　　　　　　　　　　　　　　　　　　　　　　　　　　　吉川眞理
- 動きつづける〈わたし〉と"賢者の石"の生成プロセス
　　──注意欠陥多動性障害の男子との箱庭療法　　　　　　　　　　　田熊友紀子

第3巻……魂と暴力（2011年3月）

シンポジウム
- 基調講演「暴力の由来」　　　　　　　　　　　　　　　　　　　　　山極寿一
- 討論――基調講演を受けて　　　　　　　　　　指定討論者：河合俊雄・宮野素子

論　文
研究論文
- 個性化と多元的宇宙――ジェイムズ思想によるユング心理学再考　　　小木曽由佳
- 幻獣のアクティブ・イマジネーション　　　　　　　　　　　　　　　中島達弘
- 出会いと別れの接点――末期がん患者との面接過程　　　　　　　　　西牧万佐子
- 軽度発達障害における『イメージと言葉の乖離』について　　　　　　渡辺あさよ

大会印象記

第4巻……昔話と日本社会（2012年3月）

シンポジウム
- 基調講演「河合隼雄の『昔話と日本人の心』を読む」　　　　　　　　大澤真幸
- 討論――基調講演を受けて　　　　　　　　　　指定討論者：河合俊雄・川戸　圓

追悼文
- ジェームス・ヒルマン博士の最後の日々を共にして　　　　　　　　　樋口和彦

講演録
- エラノスと分析心理学――河合隼雄にも触れつつ写真で歴史を振り返る
  　　　　　　　　　　　　　　　　　　　　　　　　　　　ポール・クーグラー

論　文
研究論文
- ユング『赤の書』と『タイプ論』　　　　　　　　　　　　　　　　　小木曽由佳
- 主体の成立と他者の出現
  　――児童期にアスペルガー障害と診断された14歳男子との面接経過　橋本尚子
- 諏訪大社ミシャグジ儀礼に関する分析心理学的考察　その2
  　――上社豊穣儀礼における犠牲について　　　　　　　　　　　　　吉川眞理

第5巻……心の古層と身体（2013年3月）

シンポジウム
- ●基調講演「心の古層と能」　　　　　　　　　　　　　　　　　　　　内田　樹
- ●討論──基調講演を受けて　　　　　　　　　　指定討論者：鎌田東二・川戸　圓

講演録
- ●ユングの『赤の書』の背景と可能性　　　　　　　　　　　　　ソヌ・シャムダサーニ

論　文
研究論文
- ●解離にみるリアリティとの邂逅──20代女性との面接過程　　　　　　　　長野真奈
- ●夢と描画表現にみる「母性」の傷つきと癒し　　　　　　　　　　　　井上靖子
- ●女子大学生の夢に見られた dismembered body image について　　　　　斎藤清二

印象記
文献案内

第6巻……河合隼雄の事例を読む（2014年3月）

シンポジウム
- ●河合隼雄の事例を読む　　　　　　　　　　　　　　　　事例報告者：川戸　圓
- ●討論──事例報告を受けて　　　　　　　　　　指定討論者：角野善宏・猪股　剛

特別寄稿
- ●臨床家・河合隼雄の変容　　　　　　　　　　　　　　　　　　　　大場　登
- ●河合隼雄の臨床──コンステレーションを中心に　　　　　　　　　　皆藤　章
- ●医学と河合心理学を結ぶ　　　　　　　　　　　　　　　　　　　　斎藤清二

追悼文
- ●生と死のはざまでイメージと遊んだ「達人」──樋口和彦先生を偲ぶ　　　名取琢自
- ●追悼・樋口和彦先生　　　　　　　　　　　　　　　　　　　　　　河合俊雄

論　文
研究論文
- ●日本人の宗教性──日本人の宗教性とカウンセリングの関わりについて　　加藤廣隆
- ●ユング心理学と個別性（eachness）の世界──『赤の書』から錬金術研究へ　小木曽由佳

印象記
文献案内

第7巻第1号……ユング派の精神療法（2014年6月）

講演録
- 私のユング派の精神療法　　　　　　　　　　　　　　　　　　武野俊弥

シンポジウム
- 基調講演（要旨）「身殻と身柄」　　　　　　　　　　　　　　鷲田清一
- 討論──基調講演を受けて　　　　　　　指定討論者：伊藤良子・河合俊雄

論　文
研究論文
- 手談、爛柯、箱庭療法──思春期型不登校と遊ぶ　　　　　　　篠原道夫
- 心理療法の終結とは──クライエントにもたらされる意識の地平　北川　明
- 高機能自閉症を疑われる中学生男子とのプレイセラピー過程──「素顔の模索」　渡部あさよ
- 夏目漱石の『夢十夜』に映し出された明治の「集合的心」の考察　吉川眞理
- 性被害を契機にした身体と女性性における解離の解消過程──"見る"ことと"見られる"ことという視点から　　　　　　　　　　　　　　　　　　　　　　　　　　坂田真穂

文献案内

第7巻第2号……日本文化とイメージの力（2015年3月）

シンポジウム
- 基調講演「日本文化におけるイメージの力」　　　　　　　　　千住　博
- 討論──基調講演を受けて　　　　　　　指定討論者：川戸　圓・角野善宏

講演録
- ユング派心理療法の新しい可能性　　　　　　　　　　　　　　河合俊雄

論　文
研究論文
- 「針を抜く夢」についての考察──共同体からの離脱と「個」の成立　前川美行
- 宮沢賢治三作品の心理学的理解の試み──転回に着目して　　　奥田智香子

印象記
文献案内

日本ユング心理学会編集委員会
委員長：豊田園子
委　　員：猪股剛・岩宮恵子・皆藤章・河合俊雄・川嵜克哲・
　　　　　岸本寛史・北口雄一・桑原知子・田中康裕・
　　　　　名取琢自・山口素子

ユング心理学研究　第8巻
世界（せかい）における日本（にほん）のユング心理学（しんりがく）
2016年9月10日　第1版第1刷発行

編　者……………日本ユング心理学会
発行者……………矢　部　敬　一
発行所……………株式会社 創 元 社
　　　　　　　　http://www.sogensha.co.jp/
　　　　　本社 〒541-0047 大阪市中央区淡路町4-3-6
　　　　　　　　Tel.06-6231-9010 Fax.06-6233-3111
　　　東京支店 〒162-0825 東京都新宿区神楽坂4-3 煉瓦塔ビル
　　　　　　　　Tel.03-3269-1051
印刷所……………株式会社 太洋社

©2016, Printed in Japan
ISBN978-4-422-11498-9 C3311

〈検印廃止〉
落丁・乱丁のときはお取り替えいたします。

JCOPY 〈(社)出版者著作権管理機構 委託出版物〉
本書の無断複写は著作権法上での例外を除き禁じられています。
複写される場合は、そのつど事前に、(社)出版者著作権管理機構
（電話03-3513-6969、FAX 03-3513-6979、e-mail: info@jcopy.or.jp）
の許諾を得てください。